教育部中华优秀传统文化专项课题（A 类）重点项目（尼山世界儒学中心 / 中国孔子基金会课题基金项目）"交织与共生——澳门历史城区建筑装饰研究"（23JDTCA010）

澳门特别行政区科学技术发展基金项目（0036/2022/A）

广东技术师范大学横向课题"绿色生态节能的园林景观照明装置研发"（1747379）

广东技术师范大学 2022 博士点建设单位科研能力提升项目（22GPNUZDJS58、22GPNUZDJS59）

广东技术师范大学 2021 年校级科研项目人才专项（2021SDKYB058）

广东技术师范大学优秀学术著作出版基金资助课题

我国澳门地区／城／市／文／化／研／究／丛／书

我国澳门历史城区
生活空间形态研究

周峻岭　王伯勋 ◎ 著

中国财经出版传媒集团

经济科学出版社
Economic Science Press

·北京·

图书在版编目（CIP）数据

我国澳门历史城区生活空间形态研究/周峻岭，王
伯勋著．－－北京：经济科学出版社，2025.3
（我国澳门地区城市文化研究丛书）
ISBN 978－7－5218－5627－9

Ⅰ．①我…　Ⅱ．①周…②王…　Ⅲ．①城市规划－建
筑设计－研究－澳门 ②民居-古建筑-研究－澳门　Ⅳ.
①TU984.265.9 ②K928.71

中国国家版本馆 CIP 数据核字（2024）第 044135 号

责任编辑：张　蕾
责任校对：蒋子明
责任印制：邱　天

我国澳门历史城区生活空间形态研究
WOGUO AOMEN LISHI CHENGQU SHENGHUO KONGJIAN XINGTAI YANJIU
周峻岭　王伯勋　著
经济科学出版社出版、发行　新华书店经销
社址：北京市海淀区阜成路甲 28 号　邮编：100142
应用经济分社电话：010－88191375　发行部电话：010－88191522
网址：www.esp.com.cn
电子邮箱：esp@esp.com.cn
天猫网店：经济科学出版社旗舰店
网址：http://jjkxcbs.tmall.com
固安华明印业有限公司印装
710×1000　16 开　10 印张　200000 字
2025 年 3 月第 1 版　2025 年 3 月第 1 次印刷
ISBN 978－7－5218－5627－9　定价：80.00 元
（图书出现印装问题，本社负责调换。电话：010－88191545）
（版权所有　侵权必究　打击盗版　举报热线：010－88191661
QQ：2242791300　营销中心电话：010－88191537
电子邮箱：dbts@esp.com.cn）

前　言

本书在大量的实地调研和调研访谈的基础上，结合我国澳门地区历史城区发展史料，对澳门历史城区生活空间格局和城市集聚活力中心热点变迁进行总结，从而推动历史城区生活空间形态演变的理论和实证发展研究。阐释与描述澳门历史城区这一中葡文化交织下生活空间的多样性面貌，以及这一演变过程中的生动生活图景，继而形成一种连续的历史时空视野，凸显澳门历史城区生活空间在不同时空、权力交织下的内因与规律。

通过分析澳门历史城区的中心活力变迁，从空间形态的角度去研究空间肌理、网络和层级对于历史城区中心活力的支撑作用，并探究变迁背后内部动因及外部环境的互动关系，提出在保护历史城区城市形态结构的同时，也应重视对于传统城市生活空间结构的价值并对其进行有效的保护。研究主要从三方面切入。

首先，通过对于"澳门历史城区"从1557年至今四个时间段内整体的研究，结合相关文献分析，梳理了澳门历史城区生活空间，在不同历史发展时期的空间特征与形式。通过空间句法对近500年的历史地图分析，从时间和空间的维度系统分析澳门历史城区生活空间的整体图景，结合中心地、中心流理论，分析历史城区生活空间活力中心的变化，梳理变迁轨迹及规律，总结澳门历史城区生活空间的特点和演变关系。

其次，通过与澳门历史城区的居民共同生活、参与到他们每天的日常生活中，记录了当地居民的生活空间关系、生活社会关系、空间生产关系。城市生活空间关系、生活社会关系包括了历史城区居民的日常生活行为模式和物理空间的呼应关系。以日常生活为视角，通过对澳门历史城区的店家进行采访，从社会学的角度去剖析历史城区生活空间变迁结果背后的诱因。关注具有典型特征的小区级小商业，它们和在地居民的生活空间息息相关，也紧密地体现生活在周边一定范围的生活轨迹，体现出习俗、民风。运用定量和质性研究相结合的方法，结合深入的实地生活体验及访谈，以整合度、可达性验证空间结构中的尺度属性与功能类型、交通方式的匹配关系，对于当今历史城区生活空间的不同类别活力中心变化规律进行重新认知和剖析。

最后，梳理澳门历史城区生活空间的历史地理，以空间生产、中心地理论、中心流理论等分析、归纳整个时空阶段历史城区生活空间演变的社会内涵，提出以动态的、连续的历史，观看当下的生活空间。注重多学科交叉研究，以空间句法理论结合人类学、社会学、经济地理学等多角度对于当下历史城区生活空间重心外溢、部分街区活力衰减的现况进行分析，正视当今历史城区保护和现代生活需求之间的矛盾。不仅静态保护历史空间环境的原貌，更应该保护历史遗产的生存环境和运行机制。以回归日常生活为导向的历史城区保护策略，合理引导历史城区生活空间的内在嬗变。

研究不仅补充了澳门城市生活空间理论研究，推动本土知识体系实证研究，构建别具特色的城市风貌，在今后城市设计的更新开发中，可以进行有效的引导，以达到永续发展之目的。

由衷感谢王伯勋老师，正是在他的战略引领和悉心指导下，我们得以共同深化此领域课题的研究，他严谨的学术精神和坚韧的治学品格，是本书得以完成的核心支撑。感谢研究过程中盛强教授、杨滔教授、王浩锋教授、文剑钢教授、彭亮教授、陈泽成先生、郑剑艺教授等学者给予我的专业指导和无私帮助！感谢郑海洋先生、徐琛先生和研究团队梁小媚老师、刘瑞华老师、丁婧琳老师、罗敏华老师、王铄瀚老师以及刘丹、郭汉良、甘紫莹、陈子芸、陈臻钦、李家贤、刘芸博、黎绮程、薛文滢、陈浩、谢顺安、罗富杰等同学的鼎力支持和帮助！感谢我亲爱的家人谢凌峰和孩子Michael，你们无限的包容与支持是我坚强的后盾。

最后，谨对能够致力于澳门城市发展研究深表荣幸，致敬时光！砥砺前行！

目　录
Contents

第一章　导论 …………………………………………………（1）

一、研究动机 …………………………………………………（1）

二、研究目的 …………………………………………………（4）

三、研究范围 …………………………………………………（5）

四、研究架构 …………………………………………………（8）

第二章　澳门历史城区发展概况 ………………………………（11）

一、澳门历史城区的背景研究 …………………………………（11）

二、理论架构综述 ……………………………………………（15）

三、既有相关研究 ……………………………………………（24）

第三章　澳门历史城区生活空间调研与分析 …………………（33）

一、文献资料分析 ……………………………………………（33）

二、空间句法实证 ……………………………………………（33）

三、社会调查研究 ……………………………………………（35）

第四章　澳门历史城区生活空间的活力中心演变 ……………（36）

一、澳门历史城区生活空间的历史发展背景 …………………（36）

二、澳门历史城区生活空间形成与发展的四个阶段 …………（37）

三、澳门历史城区生活空间活力中心的演变趋势 ……………（53）

第五章　澳门历史城区生活空间层级结构 ……………………（57）

一、城市层级——大尺度的商圈中心 …………………………（59）

二、区块层级——中尺度的市井街市 …………………………（65）

三、小区层级——小尺度的小区商业 …………………………（82）

四、街道网络的规模和尺度层级 ················ （92）

五、生活空间的空间句法实测解读 ··············· （102）

第六章　澳门历史城区生活空间的影响机制 ··············· （116）

一、历史城区生活空间的空间效率 ··············· （116）

二、历史城区生活空间的组织策略 ··············· （122）

第七章　澳门历史城区生活的空间逻辑 ··············· （130）

一、研究结论 ··············· （130）

二、结语 ··············· （133）

附录 ··············· （134）

参考文献 ··············· （149）

| 第一章 |

导论

一、研究动机

人们组织社会经济和文化活动依赖于物质空间的营建方式，但物质的实体形态并不会影响日常社会经济文化活动，空间不是人们生活的背景，而是在此空间人们社会活动的本质。空间句法理论的创始人比尔·希利尔认为物质环境对于人们产生紧密的影响，同时人们也在改造物质环境。澳门历史城区的生活如同呼吸一般每天延续，承载了地域文化的传承，形成了最具吸引力的生活集体记忆。生活空间是澳门历史城区中独具特色和吸引力的场所，正是纷繁复杂的生活造就了澳门独一无二的城市风貌以及不同历史时期的多个活力中心。

1. 问题的起源：忽略了生活空间的原真性

澳门历史城区在保护与更新方面，做了很多有益的探索，成为举世瞩目的世界遗产。经历了拆旧建新的粗放式改造到有机更新、针灸式、微更新等精细化保护理念的提升过程，取得了一定的成效，但是偏重物理环境的保护和改造使得历史城区的生活空间往往被当作大背景而忽略，从而丧失了生活空间原真性的保护。由此导致过度商业开发所产生的十扰，带来了原住居民外迁和历史城区空间异化的现况。同时，全球化经济驱动带来的新技术推动、城市职能变迁和生活方式的改变，也使澳门历史城区的发展面临以下挑战。

其一，关于历史城区保护与发展的定位相对孤立。在大多数历史城区的保护中，从最开始侧重在单一历史建筑和重点文物保护城区的保护与修整，忽略了历史城区是一个活的有机生命体，使得历史城区和当代的生活环境融合度低（吴志强，2005）。历史城区"空心化"的问题是中国大部分历史城区面临的现况。

其二，对于生活空间的关注较为缺乏。在历史城区的发展进程中，虽然政策法规都比较完善，但是具体实施起来，难免有所偏颇，承载在地居民的城市城区生活空间正是展示往昔曾经风貌人情的鲜活载体，这些真实的、生动的、具有生命力的社会生活空间载体产生的造血功能，是历史城区永续发展的内核①。

其三，对原住民群体的需求不够重视。割裂地看待历史城区空间保护和居民生活发展，在过度商业开发的影响下，会导致原住居民的生活空间被挤压，使得原有空间活力逐渐活力式微、面临衰败，历史城区丰富的历史内涵面临断层的局面，对历史街区系统深入的分析是历史街区的保护规划的基础②。"它是此时此地，是食物、衣着、居所、邻里等"——列斐伏尔在《被蒙蔽的良知》中提出了较为经典的日常生活概念③。对于城市记忆的承载、对于历史脉络的传承依靠仅有的节日形式化难以延续太久。而普通居民的城市生活保存了集体记忆，保持和延续了原有的生活形态和社会交往活动，能完整地展示澳门历史城区独特的历史风貌和空间特征。

因此，城市生活空间作为澳门历史城区的重要组成部分，承载了数以万计甚至更多的本地居民生活，透过历史环境可以感受到城市发展变迁的印记。在实证调研中我们发现，澳门历史城区的活力中心的变迁也反映出商业和权力空间的过度介入，历史城区的其他部分的居民的生活空间在权力、利润的取舍下，生活空间形态及相关与生活相关的小商业也面临店铺更迭、逐渐式微的窘境。历史城区中的城市生活空间重心也逐渐出现逐渐外移、空心化的趋势。这种现象也普遍存在于中国各个历史名城城区的发展中，这是值得关注和深思的典型态势。

2. 问题的聚焦：缺乏针对生活空间的形态研究

从澳门特区政府对于历史城区保护的整体发展来看：从最初对于历史建

---

① 王立. 城市社区生活空间规划的控制性指标体系 [J]. 现代城市研究, 2010, 25 (2)：45 – 54.
② 阮仪三，孙萌. 我国历史街区保护与规划的若干问题研究 [J]. 上海城市规划, 2001 (4)：25 – 32.
③ 汪原. 亨利·列斐伏尔研究 [J]. 建筑师, 2005 (5)：42 – 50.

筑物的保护到出台对于整个历史城区以及缓冲区的法律法规，对于历史城区的保护与发展一直保持着持续更新的状态，学术界、政府职能部门、设计专业领域对于历史城区保护的认知也在不断深入。但是对于历史城区城市生活空间的关注和研究，目前还处在积累阶段，常规以"口述历史"、地方志、地图等形式出现①。特别是旧有地图都呈现的凸现政治、权力空间的特征，而反映城市居民日常生活空间的内容则相应不足甚至缺失。

这一现况也反映出意识形态中对于居民和个体的忽视，平常的居民生活空间相对于显性的历史文化遗产，往往没有受到足够的重视，在历史城区的经济发展、旅游开发等多种因素的冲击下，对于澳门历史城区空间内的许多知名历史文化遗迹受到足够的重视，相对忽视了居民城市生活空间保护和发展，忽视了历史城市中居民居住空间的权利和社会需求，显然，这是一种粗放式、片段式的保护。

因此，对于历史城区居民生活空间的理论研究和一手实证资料的调研，有助于塑造历史城区独特空间魅力持续延续的核心价值。总结以往的经验与教训，发掘现有问题与对策，研究对澳门历史城区保护与发展的实践工作具有指导意义。

本书运用空间句法理论与实证调研进行主要研究，加深对城市生活空间的理解，从空间形态的角度伸至经济、文化、生态环境和资本主义制度等多领域②。这种空间拓扑形态为基础的量化研究方法，可以客观地辅助对于澳门历史城区的研究，创造出更多的富有延续性的空间格局。空间句法是城市生活空间中人际关系和社会网络空间化的体现。不仅在城市空间上对交通、人流、业态优化，通过动态数据更深层次地对于既有的社会关系和网络形成更加全面的补充，尤其是在历史城区的生活空间的塑造中，通过强化社会联系恰恰体现了空间的性格。

3. 问题的切入：城市更新与活力永续

历史城区的生活空间伴随着日常生活行为，有着很强的空间自组织使用

---

① 林发钦. 龙环春秋：澳门氹仔老街坊口述历史［M］. 桂林：广西师范大学出版社，2018：1-16.
② 吴志强，于泓. 城市规划学科的发展方向［J］. 城市规划学刊，2005（6）：2-10.

习惯，这些空间发展也是在不断运动、不断变化、充满了非确定性的空间。历史城区生活空间不仅是原住居民熟悉的生活生存空间，更是维系城区日常活动的社会网络和邻里情感的纽带，这里集聚着服务居民日常生活的小区级小商业，推动了城市空间的形态变化及活力中心（live centrality）更迭①。

伴随着原有居民社会经济关系的消失，这些承载着原有社会交往的街道公共空间活力也不复存在。它所带来的不仅仅是生活中服务功能的衰减，生活的不便也压缩了社会中当地收入人群和城市外来移民的生存发展空间，从城市的社会生态上丧失了当地尺度范围的社会经济和文化活动的丰富性。本书在此基础上重新审视、思辨历史城区生活空间的变化趋势，进而提出以回归日常生活为导向的历史城区保护策略。

二、研究目的

城市活力被认为是反映城市发展竞争力的核心要素，通过对于多层级网络活力中心与历史城区生活空间的关系研究，揭示不同规模、尺度的日常商业分布所产生城市活力的潜力，并通过既有研究数据对于现有空间的商业分布进行客观预测，提出切实可行的更新方向和客观合理的建议，希望以此为澳门历史文化名城的保护提供指导和借鉴②。

澳门历史城区的街巷在历史进程的更迭中，表现出很强的稳定性。空间组织形式（街、巷、围），更多的是通过使用者的生活体验和日常经验塑造，表达了使用者对于空间层级的理解，形成了贴近生活习惯的自组织的空间逻辑。在面临历史城区的发展和社会变迁中，空间所产生的与生活习惯、身体感知、运动流线，都呈现出在自上而下的城市规划的背后，强大而坚韧的生命力。即使时代变迁，因为交通方式和生活需求而带来的城市职能的变化，历史城区的集聚中心产生变化和重组，业态分布发生变迁和外延，也受到当地居民的生活的空间习惯使然对于城市生活空间的变化产生持续而强有力的

---

① 盛强. 流体的城市——空间句法北京实证研究案例［M］. 北京：中国建筑工业出版社，2022：19-32.

② 董倩. 断裂与延续：《新民晚报》与社会主义上海日常生活空间建构（1949-1966）［D］. 上海：复旦大学，2013.

作用。

鉴于此，我们从城市生活空间视角入手，结合空间结构理论与实证，对其城市生活空间网络层级、中心活力演变动因、路径和影响等方面对城市活力及其影响因素进行了定量研究，并在此基础上重新审视、思辨历史城区生活空间的变化趋势，进而提出以回归日常生活为导向的历史城区保护策略①。

三、研究范围

1. 时间范围

对于"澳门历史城区"1557～2020年这个时间跨度内整体的调查，还原中葡文化交织下的城市生活空间多样性面貌，从而形成了一个连续的历史时空视野，凸显澳门历史城区生活空间在不同时空、权力交织下活力中心形成的内因与规律。以澳门社会经济发展、地理环境、历史地图为主要依据，将澳门历史城区划分四个型态时期：（1）葡城时期（1557～1840年）；（2）澳城时期（1841～1900年）；（3）扩张时期（1901～1980年）；（4）转型时期（1980～2020年）②。

通过分析历史城区生活空间的聚集和演变规律，分析历史发展的时间轴，可以划分澳门历史城市层级商业中心、区块层级街市社、区级小商业区块等多个层级尺度。在每个阶段，选取有代表性的年份进行空间句法相关参数的深入分析：1834年澳门历史城区最初受到葡萄牙人城市规划建设理念的影响；1912年则代表澳门现代城市的最初发展和格局；在此之后1986年体现了澳门回归在即的城市形态；2020年则是澳门历史城区进入《世界遗产名录》之后的旅游产业繁盛时期，也集中反映了目前历史城区所面临的现况。

2. 空间范围

本书主要研究的区域位于澳门半岛历史城区及周边区域，其核心范围是

---

① 杨滔. 可持续空间形态的复杂性——空间句法的理念发展［J］. 城市设计, 2018（3）：26-35.
② 吴志良，金国平，汤开建. 澳门编年史［M］. 广州：广东人民出版社，2009：1601-1961.

澳门半岛在未大规模填海造地前开发建设的旧城区。

20世纪30年代，澳葡政府分别在澳门半岛东北角和西北角进行了大规模填海，进行居住片区建设以应对手工业的发展导致澳门城市人口剧增引发的对居住空间的大量需求。最能反映出历史城区生活空间活力中心的北区生活空间（如沙梨头、新桥、高士德、荷兰园、东望洋、大三巴、白鸽巢、十六铺、水坑尾、新马路、司打口、下环、南湾、西湾）被纳入研究范围，该区域完全保护了中世纪欧洲城镇的城市肌理，保护了具有丰富价值的中葡建筑和历史街区，使该区域更加符合本书的研究主题。

奠定澳门半岛成为理想生活空间的最基本条件是天然的地形地貌和气候，并通过半岛北部关闸与珠海拱北相连接，涵盖了历史时期以及目前澳门半岛城市生活空间极具特征性的区域。鉴于此，选定澳门半岛旧城区作为本书主要研究空间。通过空间句法理论研究方法，对澳门历史城区生活空间的开端、发展、变迁进行更为深入的解读、剖析，并对不同历史阶段城区形态结构进行梳理，从而激发更加良好的城市生活中心活力，提升历史城区生活空间的更新与发展。

为了便于调研，将历史城区分为六个部分。

1号地块，反映出葡萄牙大航海时代，中国澳门作为"海上长城"的其中一个据点，是葡城时期最开始活跃的中心。以十六浦为核心，口岸码头的渔民和商人是十月初五马路最早的带动力量。十月初五马路上四五十年前曾经繁盛一时的电器行、饼屋、神香铺子、黄枝记面家就是往昔的印记。

2号地块，代表了受到香港口岸以及内陆全面开放的影响后，澳门作为商贸港口的式微后城市活力中心（live centrality）转移后的结果。澳门开始侧重博彩业及旅游开发，以"大三巴"为核心的历史城区成为城市活力中心的新载体。

3号地块，与目前商业核心"新马路"一路之隔，在葡萄牙占据时期，主要街道龙嵩街是曾经是直街的主要部分，也是曾经葡萄牙人生活的城市生活中心。目前商业虽然比较冷清，但是分布的多是中高端的服务与城市生活的商业。作为周边为欧洲居民服务的小区商业中心是澳门建城初期直接所在的区域，其代表为沿龙嵩街至风圣劳伦佐教堂风顺堂街一带区域。

4号地块，围绕内港及圣劳伦佐教堂，曾经一度成为葡萄牙人生活的中心。内港沿线港口贸易带来城市生活空间的繁盛和发展，据《澳门记略》载："西南则有风信庙，蕃舶既出，室人日跂其归，祈风信于此。"① 当年居澳的葡人多以出海营商为生，经常在此教堂祈祷保佑亲人能平安归来。它们具有固有的小区性质和明确的服务业态优势促进商业集聚。

5 号地块，位于澳门半岛南部，距离西湾湖较近，属于目前的高端别墅区，相对于半岛北部新区，开放性不强，有自己独立的内向商业体系和南湾湖的联系紧密。

6 号地块，位于高士德地区，也是目前澳门城市居民密集居住的区域，虽然超出了历史城区的范围，但是它体现了澳门历史城区这一特殊区域正面临的城区中心空心化、向外延伸的这一结果。紧邻关闸的地理位置也是诱因之一。关闸口岸频密的人群流动，口岸经济带来繁盛的商机，也成为了城市生活空间中心转变的巨大动因②，如图 1-1 所示。

1号地块（十六浦）　　2号地块（新马路）　　3号地块（南湾街）

4号地块（下环街）　　5号地块（西湾大桥）　　6号地块（荷兰园街）

图 1-1　调研的六个区域

资料来源：本书编写团队实地拍摄。

---

① 印光任，张汝霖. 澳门记略：官守篇 [M]. 地方志，1751：二卷.
② 王立，王兴中. 城市生活空间质量观下的社区体系规划原理 [J]. 现代城市研究，2011，26 (9)：62-71.

四、研究架构

本书以澳门历史城区之时空背景和生活空间作为研究范围，其研究核心则以城市级商圈、区块级街市、小区级小商业为多层级研究对象，探讨与生活场域活力中心之间的关系，如图1-2所示。研究内容架构如下。

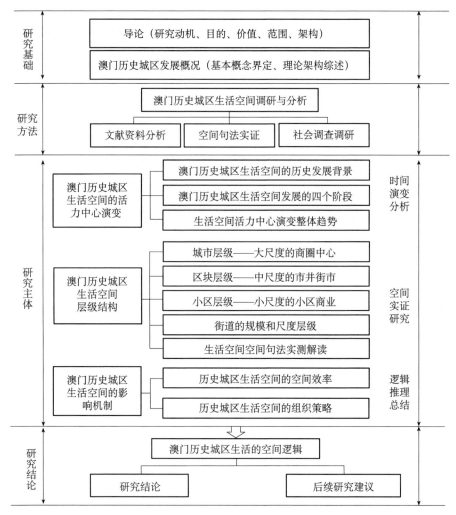

图1-2　本书研究框架

第一章　导论

即对本书研究的背景、内容、目的、方法与特点的说明，并结合已有研究的综述与分析，指出本文研究的意义和创新点。

第二章　澳门历史城区发展概况

从理论架构角度进行综述，对于已有研究从研究对象、研究角度、研究方法三个层面进行概括总结。同时，对于澳门历史城区、生活空间、空间句法等相关概念进行界定，对其研究现况进行总结。

第三章　澳门历史城区生活空间调研与分析

参考已有的研究成果，总结科研方法进行研究。对于发展脉络及历史信息分别运用数据收集；运用空间句法定量研究方法，对城市居住空间指标进行计算和分析；采用田野调查和任务访谈对社会学、人类学的视角进行进一步佐证；通过城市地图阅读法，对于历史时空的发展进行实证数据的辅助支撑。

主要从空间要素分析空间形态和商业形态的空间分布和动态中心变化。通过空间句法线段分析变量：连接值（connectivity value）、控制值（control value）、深度值（depth value）、集成度（integration value）、穿行度（choice），可以分析不同层级的活力中心，作为对于城市空间活力中心范围的分析依据[①]。

第四章　澳门历史城区生活空间的活力中心演变

从历史发展的时间纬度，通过对于四个主要阶段的句法分析，得出澳门半岛的城市活力中心的历史演变。基于1557～2020年的历史地图及澳门地籍局的资料，用空间句法的形式分析其中心区域，以及对应的史料描述。从城市全局的角度和次级中心的角度，进行梳理和比较，展现澳门历史城区生活与空间活力中心的变迁。

第五章　澳门历史城区生活空间多层级结构

通过精准的实测调研数据采集结合 POI 数据（pointof information），运用空间句法和中心地、中心流理论对于澳门历史城区城市空间层级以及生活空间与零售业之间的逻辑关系进行量化分析，通过比对史料文献，发现相关的

---

① 王浩锋. 社会功能和空间的动态关系与徽州传统村落的形态演变 [J]. 建筑师，2008（2）：23 – 30.

吻合度①。另外，从社会学、人类学的角度进行生活空间的调查与访谈，作为更加全面的佐证和支撑。

第六章　澳门历史城区生活空间的影响机制

通过分析，试图客观地看待历史城区的中心活力变迁，从空间形态的角度去理解空间肌理、网络、层级城区中心活力的支撑作用，以及变迁背后内部动因及外部环境的互动关系。正视当今历史城区保护和现代生活需求的矛盾。不仅静态保护历史空间环境的原真性，更应该保护历史遗产的生存环境和运行机制。

第七章　澳门历史城区生活的空间逻辑

整体总结本书的结论，以回归生活空间为导向的历史城区保护策略，合理引导历史城区生活空间的内在嬗变，提出未来可以继续深入研究的方向。

---

① 盛强，周晨. 功能追随空间：多尺度层级网络塑造的城市中心 ［J］. 建筑师，2018，196（6）：60－67.

第二章

澳门历史城区发展概况

一、澳门历史城区的背景研究

1. 天然优越的自然环境

15 世纪末至 16 世纪初，欧洲人掀起了探寻通往东方的新航路的热潮。远在欧洲板块最西边的葡萄牙人借着亚欧大陆和太平洋海陆热力差异引起的季候风开展东西方之间的远洋贸易，在到达了珠江口岸之后，选择在东南沿海的澳门作为停留。葡萄牙侵占澳门的过程错综复杂，经历了四个不同的阶段：1553～1571 年葡萄牙人入据澳门时期、1572～1848 年葡萄牙人"租居"澳门时期、1849～1887 年葡萄牙人侵占澳门、1887～1910 年葡萄牙人进一步扩张。

据（清）《流环志略》载："隆庆初，抵粤东香山县之壕境，请隙地建屋，葡萄牙人遂立埔头于澳门。"① 其中提到的这块"隙地"，在地理位置上很优越，在它的南边和北边两头都有山，东边临着外海，西边紧靠着通往广州城的内港河道，这样的地理位置有利于战争中的防御和坚守，交通也非常便利，战略位置极其重要。对于城市规划，葡萄牙人十分重视，他们采用了传统的村街布局。葡人初期是在一个港口集中居住，然后形成村落，称为"亚妈港村"。"嘉靖四十三年时，澳门"商夷用强梗法盖屋成村。""村"是葡萄牙人聚集的区域，是风顺堂区、澳门花王堂区和望德堂区的初始形态。"街"是直街以及后期演变的道路网②。

---

① 徐继舍 . 瀛环志略（卷七）［M］. 台北：华文书局，1850：599.
② ［葡］施白蒂 . 澳门编年史：16－18 世纪［M］. 小雨，译 . 澳门：澳门基金会，1995：238.

2. 澳门历史城区发展历程

澳门历史城区发展的几个阶段：（1）在第 29 届联合国教科文组织世界遗产委员会会议上，澳门这座历史名城获得了 21 个成员方的一致通过，中国"澳门历史城区"在 2005 年 7 月 15 日正式被列入《世界文化遗产名录》，为中国第 31 处世界遗产。（2）根据教科文组织世界遗产委员会执行实施《世界遗产公约》操作指南第 104 条、第 105 条和第 107 条，应在提名的文化或自然遗产周围建立一个缓冲区，以便对这些遗产提供必要的保护。（3）澳门的历史城区的保护开始于 1953 年，在国际历史城区的保护进程的影响下，成立了专业委员会，确定了目前的历史建筑文物。

既有主要研究围绕澳门历史城区的发展历史、保护与更新、空间特征、规划设计、法律法规等。而本书侧重澳门历史城区生活空间发展历史脉络的梳理与考证，通过对城市街区乃至城市整体空间结构等不同的物质。总结研究认为 2005 年正式将"澳门历史名城"列入《世界文化遗产名录》，对澳门历史名城的城市规划设计和研究起到了积极的推动作用。《澳门编年史》是由我国澳门学者吴志良、唐开健、金国平（2009）主编的六卷本编年史。全面记载了 1494～1949 年包括澳门宪报在内的各类文字史料。

《澳门史 1557—1999》（Gunn，2010）、《一个双核三小区模式的城市发展历史》（汤开建，2005）、《一个海风吹来的城市：早期澳门城市发展史研究》（严忠明，2006）等著作与文献对于澳门的发展历程及城市空间形态的历史演变都做了总结和归纳；《入世精神的出世建筑——澳门的天主教教堂》（许政、陈泽成，2009）主要从宗教对于城市的影响进行研究，对城市商业空间进行了深入分析；《澳门土地神庙研究》（童乔慧，2010）、《澳门的教堂》（吕志鹏、黄健威，2009）以宗教文化对城市的影响进行了剖析；《澳门传统街道空间特色》①《澳门地图集》② 从古老街道空间、城市功能分区、街巷肌理与环境文脉方面对于澳门城市的空间特色进行研究。

---

① 童乔慧．澳门传统街道空间特色［J］．华中建筑，2005（S1）：103－105，116．
② 黄就顺，邓汉增，黄钧燊．澳门地图集［M］．澳门：澳门基金会，1997：9－95．

综合上述，以往研究主要从澳门历史城区宏观的发展历史、空间特色、保护更新、规划设计和法律法规这些方面进行了研究和归纳，对于历史城区生活空间的研究和关注尚为薄弱，现有研究多偏于质性研究，用空间结构分析澳门历史悠久的城市居住空间形态的研究集中在宏观研究上，并没有落实到具体生活空间。因此，本书综述围绕历史城区生活的研究展开，而研究将更偏重以自下而上视角结合客观的定量分析结合的质性研究，并对城市街区乃至城市整体空间结构与多层级空间网络的相关性展开深入研究。

3. 多元地域文化

从地域文化的角度来看，与澳门历史城区生活空间相关的研究主要体现为口述历史的形式，有代表性的如《小店忆旧》（林钦发，2019）、《龙环春秋》（林钦发，2018）、《旧区小店》（林钦发，2018）[1]，以身临其境的形式，生动地展现了澳门历史城区居民的生活场景。《澳门街市》（叶农，2016）[2]、《澳门半岛的市域扩张与街道建设（1912~1999）》（胡雅琳，2012）、《澳门传统茶楼的文化图景》（王熹，2014）对城市公共空间与普通居民的日常生活之间的关系进行了细致入微的观察和分析。

澳门外其他地区的相关研究也有借鉴作用，如费孝通在开弦弓村的实地调研，在其《江村经济》中详细地描述了苏州村民的社会交往、租赁交易、农业劳作等日常生活的方方面面[3]。《乡土中国》则更深层次地从空间结构、道德、法律、家庭、权利等方面剖析了乡土社会的结构和特点，对研究澳门历史名城的发展历史具有一定的启示意义[4]。借鉴这一思想，以社会学为切入点，深刻地剖析澳门历史城区生活空间人文环境、社会结构、权力分配、道德体系、体现出邻里维系下社会网络，具体包括由生活空间所关联的消费、生产、分配和交易等方面，如表 2-1 所示。

---

[1]　林发钦. 旧区小店：澳门老店号口述历史［M］. 桂林：广西师范大学出版社，2018：1-132.

[2]　叶农，澳门街市［M］. 中国香港：三联书店，2016：8-77.

[3]　费孝通.《江村经济》——中国农民的生活.［M］. 北京：商务印书馆，2001：110-123.

[4]　费孝通. 乡土中国.［M］. 北京：北京大学出版社，2012：1-185.

表 2-1 澳门文化地理相关文献综述

图书/论文名称	作者	年份	研究目的	研究方法	研究思路
《江村经济》	费孝通	2001	通过对空间、道德、法律、权力等角度的研究,来系统分析乡土社会的特点	调查分析法	将江苏吴江开玄弓村农民作为研究对象,具体包括其消费、生产、分配和交易等方面
《乡土中国》	费孝通	1985	通过社会交往、租营交易、农业劳作研究日常生活	调查分析法	以社会学为切入点,研究人文环境、社会结构、权力分配、道德体系、法礼、血缘地缘等方面
《澳门纪事》	施白蒂	1999	展现了澳门如此丰富而有趣的细节	文献研究法、归纳总结	以20世纪澳门编年史为主体,附有教皇名录、澳门总督名录等
《澳门编年史》	吴志良唐开健金国平	2009	记载了1494～1949年澳门历史	文献研究法、归纳总结	包括门宪报的各类文字史料
《澳门城市规划发展历程研究》	童乔慧盛建荣	2004	研究从1557年起往后42年的时间里澳门城市规划历程	历史法、调查法以及断代历史的方法	分析探讨澳门城市规划变化过程和内容
《近代澳门半岛的市域扩张与街道建设(1849～1911)》	郭姝伶	2012	以历史地理学为基础分析探讨近代澳门街道的变迁,将澳门的市域的扩张与街道演变结合起来研究	文献研究法、归纳总结	通过文献法研究近代澳葡在澳门半岛北部的扩张方式和拓展势力范围的有效方式
《10824077_澳门港史资料汇编1553—1986》	邓开颂黄启臣	1991	对环境、交通、港口的兴盛、进出口贸易进行分析研究	史料搜集、多学科、跨学科	通过史料收集,对澳门与内地贸易的概述(澳门工商年鉴)
《澳门建筑文化遗产》	刘先觉陈泽成	2005	总结了澳门400年来建筑文化遗产的演变过程	史料搜集、多学科、跨学科	对澳门的地理环境、民用于军事建筑、宗教建筑、历史性建筑的细部和装饰的调查实录

续表

图书/论文名称	作者	年份	研究目的	研究方法	研究思路
《澳门百科全书》	吴志良 杨允中	1999	进一步了解澳门的贸易商业情况	史料搜集、多学科、跨学科	通过对史料地全面进行收集与分析，从而了解澳门的商业
《小店忆旧》	林发钦	2019	呈现了澳门旧区生活空间具有代表性的二十多家小店的兴衰变迁	口述历史、访谈法	折射出澳门旧区近几十年来的生活场景以及社会发展、历史文化
《澳门掌故》	黄德鸿	2014	对小城昔日风土人情进行分析	访谈法	运用访谈法进一步了解风土人情
《澳门传统茶楼的文化图景》	王熹	2014	对澳门传统茶楼的发展演变及其特点等做一简要梳理	调查分析法	通过对传统茶楼的兴衰变迁研的研究，以记载和保存澳门人过去的证书生活风貌
《澳门近代华商的崛起及其历史贡献》	林广志 吕志鹏	2011	研究华商及其对于近代澳门发展的影响	调查分析法	以分析法为基础，从时代背景、华商崛起、澳门经济等方面进行研究

　　总体而言，目前研究均较少从澳门历史城区居民生活视角进行城市空间形态的分析，因而本书的研究有一定的意义和价值。

二、理论架构综述

　　社会学的空间转向带来了社会空间理论的缘起，西方国家从社会学、政治学、地理学等多个角度产生了许多集中性的研究成果。沿着时间脉络，通过具有代表性的人物的理论思维发展，可以系统地展现出西方城市空间认知的整个过程。

　　1920～1970年，芝加哥学派兴起，从生物学概念的视角，R. E. 帕克等从竞争、共生、侵入、接替等来解读城市的空间关系和生成逻辑；而城市内部空间结构和变迁的探讨，则由芝加哥大学社会学教授 E. W. 伯吉斯完成，芝加哥学派的研究成果是一种规划上的突破，相对于笛卡尔式的空间认知，芝加哥学派概况地了解了城市空间，以描述性的空间论述居多，过于依赖生物学视角来分析城市空间的形成过程，缺乏对空间背后的社会形态的辩证思考。

新正统的城市生态学将"人口集聚的规模、密度和异质性"作为研究社会交往行为的重要衡量标准。霍利则是通过关注文化现象从而丰富了人类生态学的研究。行为主义学派和人本主义以凯文·林奇、芒福德、雅各布斯等的人本主义观点为代表，他们认为应当尊重个体在空间中的权益，它构成了城市规划的活动，使得社会生活形态与空间产生了联系①。这一阶段空间辩证的研究开始融合社会生态和文化的观点，从而走向了多元化发展。

皮埃尔·布尔迪厄通过结合空间阐述与社会概念（资本和习性），以解释为什么人们会被空间的秩序限化在不同的场所。吉登斯从权力与互动的主题出发，将社会与时间、空间联系起来。"微型实践"（minor practice）强调进入日常生活实践的场域之中去分析和建构理论，它不是像一个从高楼上俯瞰街道的行人那样构建一个研究文本的方法，而这是从米歇尔·德塞图的日常生活的实践分析理论中研究出来的②。

因此，本书通过城市日常生活对于历史城区的形态结构进行量化分析，进而运用空间生产理论，找出空间结构与生活现状的联系，以一个新的视角，建立日常思维的意识，对于当下的传统设计理念进行更深刻的反思，如图 2-1 所示。

1. 空间形态理论和人群行为方式

"要形成主体的基础，使主体独立存在，就需要主体自身与客体所拥有的属性之间的所有关系，像蜘蛛织网那样织成一张网。"③

---

① ［美］凯文·林奇. 城市意象［M］. 北京：华夏出版社，2001：1-150.
② 孙九霞，周一. 日常生活视野中的旅游社区空间再生产研究——基于列斐伏尔与德塞图的理论视角［J］. 地理学报，2014，69（10）：1575-1589.
③ 盛强. 流体的城市——空间句法北京实证研究案例［M］. 北京：中国建筑工业出版社，2022：24.

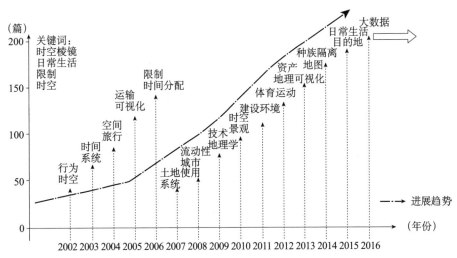

图 2 - 1 空间研究的进展分析——不同年份的热点关键词及其引用关系

（1）拓扑分析与空间句法。

拓扑分析是根据图论原理，将空间元素抽象成点、线、面并讨论其结构关系的一种现代数学分析技术。它在城市空间和地理分析中得到了广泛的应用。与计算机技术的结合可以构建现代信息科学空间。城市拓扑研究通过分析城市空间的拓扑结构，并与城市空间系统的社会功能特征建立关系，将城市空间系统简化为拓扑网络系统，分析拓扑结构参数及其功能关系。由于城市空间的大尺度和空间现象的复杂性，拓扑分析技术是系统研究现代城市空间网络的方法论基础。

（2）空间组构与人流分析。

空间肌理影响着人流，塑造着人们聚集和分散的形态，从而在空间形态和生活形态之间建立起本质的联系，在空间中创造新的生命，在空间中延续原有的文化。

如果空间遵循创造模式，通过整合自身结构，可以促进新交通流的聚集模式，激发可能的新功能关系。而传统空间格局的模式，为维持现有的社会关系和状态，则可以通过对本体结构的分离，来达到对旧交通流的分散格局的控制。这就是空间的对偶互动性。城市组合原有格局的延续将维持现有状态，新的城市组合格局将创造新的空间利用方式。

（3）空间形态和街道体系影响社会活动。

城市的主要功能是通过对城市的改变，将城市的优势通过城市形态表现出来，而城市形态则能够有助于激发生活在其中的人们的生活热情与社会创新力；简·雅各布斯从城市街道入手，通过步行者的体验和日常使用者的经验去检视空间和街道如何使用，关注人与人的活动以及活动空间相互交织的过程，从城市生活的多样性角度论及城市活力问题①。城市公共空间的活力源自人以及人们的必要性、自发性的社会活动②，城市规模、密度和异质性三个因素的得分越高，城市中包含的社会角色专门化和功能差异性越大，城市的多样性越多，城市活力越高。国内学者蒋涤非在分析城市应该具有的活力的基础上，通过对"城市活力"多维度的思考，构建了城市活力论的理论框架，提出了城市活力来自经济活力、社会活力、文化活力这三大活力交织的源泉。

2. 层级运动网络理论

随着全球化进程的加快和信息通信技术的发展，城市多层级网络趋势逐渐被更多的学者所认识。如今，城市要素流动性加快，空间结构更加趋于扁平，城市之间的联系呈现多样性，原有传统的城市等级序列模式逐渐转化为多层级网络结构，因此世界城市形成了一个复杂的网络系统，如何"构建联系"的思维方式影响着我们对城市各个方面的认识。

不同出行模式的城市尺度被称为"层级网络"。各分层等级之间的连通性启动城市活力，人是城市当中的主体，人与人之间的联系、交流等活动组成城市物质空间。在城市宏观层面的角度观看，大尺度的连接促进社会活动的聚集更加方便、高效；在城市微观层面的角度观看，小尺度的连接，使得人在城市生活空间中确保城市活力具有持续性以及人性化。城市空间节点是由城市空间中不同尺度范围的人流、城市空间的交通枢纽和多样的层级网络组成。而城市空间中起基础支撑作用的低层级运动小尺度路网同样也启动城市商业活动。

在"联系的社会学"有一种被称为"行动者网络理论"，是著名的 Actor – Network – Theory 理论③。在最近的城市研究中它已经成为一个非常重要的灵

---

① [美] 简·雅各布斯. 美国大城市的死与生 [M]. 南京：译林出版社，2005：155–244.

② [丹麦] 扬·盖尔. 交往与空间 [M]. 北京：中国建筑工业出版社，2002：12–203.

③ Dankert R. Latour B，Callon M，Law J. Actor – Network theory [J]. International Encyclopedia of Housing&Home，2012，19（1）：46–50.

感源泉（Amin and Thriftt，2002；Smith，2007），它倡导的是一种实践本论，更应该是一个"关于空间的理论，而非一个社会学理论"。它处理的是一种由纯粹的连接构成的拓扑空间。

中心流（central fluid）理论，一般我们用 flow 流来描述空间中运动的状态，而这里的中心流指的是 fluid，即流体。fluid 更加强调空间中，事物之间发生的偶发性、随机性、非正式性的内在关联。和这种随机的流体状态形成对比的是程序化、正规的、确定的常态化的形式。一旦空间处在网络的状态，成为维系制度的框架，约束了内在流体不确定、善变的规律。当这些约束、制度等控制消解时，网络的约束降低，其中变化和运行的空间变化，会涌现新的流体特征，激发活力中心（live centrality）的改变，经过一系列的变化稳定作用后，从而将形成另一新的网络格局和网络系统，形成一定历史阶段内的活力中心（live centrality）点的变迁。

网络理论（Actor – Network Theory，ANT）理论源自拉图尔的"行动者—网络理论"作为一种社会学理论在研究对象上主要关注具体物化管理系统当中的技术性、程序性，以及从中体现机器对权力的代理作用[①]。它使得真正的权力变得在现实的社会中隐性化。如同我们很少面对城市空间的管理者，更多地面对空间等级带来的物化影响。例如，街道的宽窄、铺装，甚至街道的名称，都成为隐性的管控来塑造居民的日常生活空间及活动行为。同时，这一手段不是单一的，而是多重的叠加，当一层网络由于社会的变迁、科学技术的发展开始失效时，会产生其他的技术来补救。而在这一过程中，这些变化会促生新的技术网络的产生。通过不断迭代，自我强化，与新兴的高层级运动网络形成独特的尺度范围和集聚活力中心[②]。

传统城市与建筑带来的街道空间组织形式，形成一种具体的"物质代理"代表着城市空间一定的等级及象征意义，通过空间的使用者日复一日的日常生活体验的塑造，间接表达了我们对于空间层级的定位。在日常空间的使用中，习惯产生惯性，自组织的空间使用逻辑，延续了历史城区的文化惯

---

① 吴莹，卢雨霞，陈家建等．跟随行动者重组社会——读拉图尔的《重组社会：行动者网络理论》[J]．社会学研究，2008（2）：218 - 234.

② 盛强．流体的城市——空间句法北京实证研究案例 [M]．北京：中国建筑工业出版社，2017：20 - 25.

性，形成了一种变化的流体空间。即使在城市发展的推进下，这种最基础的、与身体和运动相关的"物质代理"表现出很强的韧性。当城市的中心发生转移和改变时，就会出现"多重策略"影响下的新的技术网络的产生，城市空间尺度重组，甚至出现城市中心空心化的趋势，原来的城市中心随着原有网络格局的失效，中心产生偏移和改变。在原本的日常生活中的流动的空间逻辑不断地得以发展。以空间生产、中心地理论、中心流理论等去归纳变迁的内在规律，以期对于历史城区开发过程中，街巷生活空间活力中心（live centrality）作出更加有益的引导和预判，如图 2 - 2 所示。

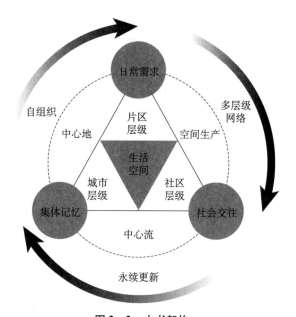

图 2 - 2　本书架构

资料来源：改绘自王伯勋，顾杰. 城市视觉传达的系统性创造：台湾台南市凤凰花标志设计 [J]. 视觉传达，2020（8）：9.

3. 空间生产理论

《空间生产》的作者列斐伏尔首次系统地提出空间的概念并进行了解析①，在其著作中对空间是如何被塑造出来的进行了研究。布迪厄将空间阐

---

①　[法]亨利·列斐伏尔，列斐伏尔，李春：空间与政治 [M]. 上海：上海人民出版社，2015：20 - 25.

述与社会概念（资本和惯习）相结合，以解释为什么机制将人们限制在不同的场所。其中，吉登斯将空间与时空、社会关系联系起来，分别从权力、互动的角度进行剖析。米歇尔·德塞图在空间句法理论中的时间中提出"微型实践"，强调进入空间句法理论实践的场域之中去分析和建构理论，而不能单纯地建构研究文本。

简·雅各布斯提到生命科学时，将城市描述为有组织的复杂性问题，它不仅包含大量变量，而且还挑战了分析人员，这些变量之间存在无数的相互关系[①]。实际上，对形式过程辩证法的了解表明，诸如"城市结构对社会生活的影响是什么？"之类的一般性问题一开始就被打败了，因为发现了更多的互动，而不是单个答案可能暗示的。也许更重要的是，简·雅各布斯对城市的解读引发了复杂性的概念，也表明形式与使用之间的任何特殊相互作用都可能既不是独特的也不是确定性的。相反，该论点表明，这种关系可以采用多种形式，并取决于影响人们对空间形式以外的空间使用的一系列其他因素，如图 2 - 3 所示。

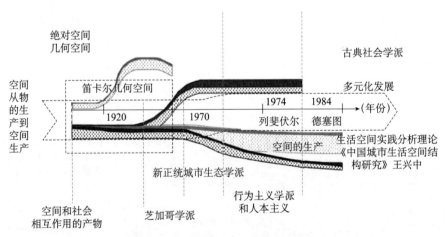

图 2 - 3　空间生产——理论发展脉络

资料来源：黄斌，吕斌，胡垚. 文化创意产业对旧城空间生产的作用机制研究——以北京市南锣鼓巷旧城再生为例 [J]. 城市发展研究，2012，19（6）：87.

---

① 简·雅各布斯. 美国大城市的死与生：城市规划的失败 [M]. 南京：译林出版社，2005：29 - 30.

警惕"空间决定论"，许多城市社会学家也提出了类似的批评，警告城市设计师要警惕韦伯所说的，一些根深蒂固的学说，它们以某种简单的可映像模式来寻求秩序，而实际上却隐藏在其中，而不是极其复杂的社会组织①。因此，通过城市生活空间，以居民生活的感知视角，运用社会生活动态的变迁及数据研究，客观量化地反映出鲜活的生活内部动因。本书更多地关注社会与人在生活空间中的互动关系以及与之产生联系的行为规律和空间逻辑。汇总理论架构相关文献如表 2 - 2 所示。

表 2 - 2　　　　　　　　　　　理论架构相关献综述

文献名称	作者	年份	研究目的	研究方法	研究思路
《城市更新中的空间生产：南京市南捕厅历史街区的社会空间变迁》	何森	2012	保证每个公民都有进入城市空间生产的权利	个案访谈法、问卷调查法、文献研究法	通过分析新一轮城市更新所带来的可能特征，思考城市居民的空间权利等问题
《空间生产视角下广州南华公历史街区空间变迁研究》	赵洁	2017	研究处理历史街区保护与发展之间社会冲突和社会矛盾	文献查阅、现场调研、问卷调查、无结构式访谈法	通过对南华西历史街区的空间变迁进行调查分析，了解街区的发展与保护、空间冲突与隔离等多重矛盾关系，从而验证空间的二元对立性理论
《番禺沙湾古镇的历史原真性保护》	洪屿	2012	保护历史街区的原真性成了保护更新的核心宗旨，即一切实践的指导思想	文献分析法、调查分析法	非物质层面的原真性保护则以生活为切入点，从空间和时间维度中过去传统建筑的多样性、现在空间的怪异实用性以及未来新建筑的可能性
《岭南建筑外部公共空间的"日常性"营造研究》	陈亚洁	2017	建立辨别空间具有"日常性"的价值标准体系	文献查阅、现场调研、问卷调查、无结构式访谈法	"自下而上—自上而下"的多种影响因素在作用方式、以及人们基于日常生活经验的主动调适，形成空间形态影响机制

---

① ［德］马克斯·韦伯. 文明的历史脚步：韦伯文集［M］. 上海：上海三联书店，1988：1 - 201.

文献名称	作者	年份	研究目的	研究方法	研究思路
《空间再生产视角下北京商业街区更新策略研究——以北京马连道茶产业街区为例》	张晨	2019	研究商业街区和社会空间现状及再生产策略，完成社会空间的再生产，从根本上解决商业街区的协同更新	文献研究法、问卷、访谈调查法、案例模拟论证法、归纳演绎法、三元辩证法、相关学科交叉法	基于"社会—历史—空间"三个维度辩证认识北京商业街区社会空间及其再生产的过程及特点，实现"产—城—人"和谐发展的社会关系
《日常生活视角下城市小区公共空间更新研究——以水井坊小区更新为例》	李峰	2018	调查研究各个生产主体的生产冬季和生产策略，找出在空间更新中产生的问题	文献阅读法、问卷调查法	从日常生活的角度进行研究，重构公共空间回归市民、多样性、平等开放以及传承文化等内涵，在更新机制上以及物质空间的层面，提出小区公共空间的更新策略
《南安丰州老镇区日常空间研究》	洪煜源	2019	总结分析各层级日常空间形态特征、使用特征、营建机制特征	文献查阅法；实地观察法；模拟分析法；案例研究法；定性定量分析法	通过对老城区在"镇区—角落—邻居"社会空间层级的研究分析，形成一种多因素综合作用的空间形态影响机制
《小区公共生活空间体系营造的理念与应用——以常州新北区为例》	李旭	2018	尝试构建小区公共生活空间体系营造的理念框架，进一步提出规划策略导向	文献分析法、跨学科研究法、座谈及抽样访问、案例研究	从"空间结构""社会网络"和"公共资源"三个结构要素构建小区公共生活空间体系，以促进小区公共生活空间体系营造；"点线面"要素规划策略
《西安明城区三学街片区居住生活空间自组织更新研究》	陈哲怡	2017	研究城市建设的关注点转向了以自组织更新为途径的自下而上的规划方式	文献分析法、调查分析法、空间句法理	探讨在存量规划背景下基于自下而上维度的旧城区有机更新的可持续路径，为未来老城复兴提出积极建议，并为后续深入研究奠定基础

三、既有相关研究

1. 历史城区保护与更新

1987 年《华盛顿宪章》提出了城市范围内的一个重要概念——历史城区（historic urban areas），它涵盖不论规模大小的城市、城镇以及历史中心或居住区，同时也包括其自然和人造的环境。这一概念与《中国历史文化名城保护与规划条例》中所界定的历史城区内涵一致。

保存和更新历史有三个主要转折点。历史城区保护的萌芽可以追溯到 19 世纪欧洲对文化遗产的保护和更新。两次工业革命使澳门这座城市飞速发展，对历史和文化遗产的保护意识不足，也导致了许多历史遗迹的毁灭和消失。

第一次转向，自 1830 年建立有关保护欧洲历史遗址的相关法律和机构以来，文物的保护和修复首次成为文化遗产意识的主流。这一时期的著名文献，例如 1931 年的《雅典宪章》，明确提出了恢复历史遗产和反对全面重建的建议，而 1933 年的《雅典宪章》则首次提及澳门这座历史名城："具有历史价值的城市地区应适当保存。"

第二次转向是随着第二次世界大战的蔓延以及战后城市的大规模重建和发展，许多珍贵的历史遗产及其周围环境遭到破坏，再次引起社会关注。同时，《威尼斯宪章》和《马丘比丘宪章》等一系列文件的出现促进了新的研究发现。1964 年，《威尼斯宪章》将历史保护的范围从单一的建筑研究扩展到历史建筑，历史区域和城市的结合。1976 年，在内罗毕通过的《关于历史地区的保护及其当代作用的建议》总结了战后欧美历史文化名城保护的经验教训，明确提出了历史文化名城保护的概念、原则和指导。1977 年，《马丘比丘宪章》再次扩大了历史城区的范围，并指出还需要保护非物质文化遗产，如传统文化。

第三次转向是在 1980 年中后期。石油危机后，随着社会经济的复苏和保护概念的发展，历史城市保护的理论和方法得到了进一步发展。1987 年的《华盛顿宪章》首先提出了历史名镇的概念，并提出了以人为本和公众参与的重要性。《关于人居环境科学》（吴良镛，1996）[①] 提出了人居环境概念。制定历史城区的区域性和综合性法律保护政策已成为一种新趋势，保护的内容已从物质环境逐步扩大到土地、交通和社会经济，保护内容也从物质环境逐步拓展至土地、交通乃至社会经济、文化等各领域。

2. 城市生活空间

城市生活空间的研究源于地理社会学理论（geographical sociology）的思维观。20 世纪 70 年代以来，西方国家的人文地理学研究形成了系统、完整的理论体系，其中集体空间与社会的结合、集体环境与空间的结合是该体系的特征。城市生活空间是由不同类型的阶层构成的，而这些阶层又构成了这些空间中的邻里关系。不同的阶层，反映出不同的社会经济地位，也体现到他们居住的邻里区位。这样，具有同等社会区位和社会距离的邻里区居民对其他小区的社会性就有不同的感知内容。

当前学术生活空间的理解和研究趋势两类：一是生活空间的"生活"的概念空间，"人民日常生活中占用的空间，在社会生活中，人们的日常生活，家庭，工作单位，消费者的地方，不是在公共场所消费之间移动，这取决于各种日常生活的活动空间和空间，是日常生活空间"[②]。"城市空间本质上是城市人居环境中，它是维持人类活动所需的物质和非物质结构的有机结合，以人为本的城市小区环境"。生活空间是指人类为了满足生活中的各种需求而进行各种活动的场地和场所，然而，在具体的研究中，人们往往把它作为一个小区的生活空间[③]。

生活空间是动态的，占据的空间理解为"活动"的空间，理解为人类活动所占据的空间，将日常活动空间理解为"动态"的空间。区分生活空间和活动空间，明确了生活空间概念泛化的特点[④]。生活空间是"真实而具体的

[①] 吴良镛. 关于人居环境科学 [J]. 城市发展研究，1996（1）：6.

[②] 张雪伟. 日常生活空间研究 [D]. 上海：同济大学，2007：1.

[③] 王立，王兴中. 城市生活空间质量观下的社区体系规划原理 [J]. 现代城市研究，2011，26（9）：62–71.

[④] 王开泳，王淑婧，薛佩华. 城市空间结构演变的空间过程和动力因子分析 [J]. 云南地理环境研究，2004（4）：65–69.

— 25 —

日常生活体验空间，是进行或开展各种日常生活活动的场所"，是城市居民活动的空间投影，包含各种日常生活活动，发生或进行的总数，生活空间是其指各种各样的活动和社会关系的物质总投影，构成了人们熟知的日常生活空间①。

活动空间是指人们进行各种具体活动时所占据的空间形式和结构。这一概念特别强调了个人活动及其移动行为在空间中的具体体现，即那些可以观测到的、由个体行为所塑造的生活空间。因此，不能简单地将生活空间等同于居住空间，而是包含家务、休闲、工作、社交等一系列相互影响的活动空间。是一种社会空间的完善，应该以动态的方式去看待，生活空间包括居住空间和活动空间。

生活空间作为一个错综复杂的集成系统，在实际研究过程中往往难以全面覆盖其所有方面。因此，本书特地将研究焦点对准历史城区居民与零售业紧密相关的日常生活空间行为活动，以此作为核心研究主体，旨在精准捕捉历史城市生活空间活力中心在变迁过程中所呈现出的"主要矛盾"。值得注意的是，自 20 世纪中叶以来，柴彦伟、王兴中、顾超林等人文地理学界学者便率先提出了城市地理空间观的概念，为理解城市空间结构与人类活动之间的关系提供了重要的理论视角。

近年来，国内学术界在运用城市地理学与社会学交叉研究方法上取得了显著进展，特别是在城市社会空间的研究领域。这一跨学科的研究方法为本书提供了宝贵的启发。学者们已经针对多个城市，包括西安、兰州、上海及澳门的历史城区生活空间，进行了深入的实证研究。具体而言，这些研究涵盖了城市生活环境的评价与优化策略（以上海为例），以及中国城市生活单元结构内部空间的详细剖析（以兰州城市为实证对象）。这些研究成果不仅丰富了我们对城市生活空间的理解，也为本书的研究提供了重要的参考和借鉴。

日常生活的基层结构之演变，实乃由众多看似平凡且例行的日常社会活动所累积而成，这些活动实则处于持续的动态变化之中，每一瞬息都孕育着新的转型。通过社会学领域严谨地调查研究，系统地揭示了日常生活基本结构的变化规律，此亦为其研究及关注的核心议题。鉴于此，本书采取实证研

---

① 章光日．人类生活空间图式变迁研究［J］．城市规划汇刊，2004（3）：60－66，96.

究方法，旨在深入剖析日常生活与日常生活空间之间错综复杂的相互作用关系。

在探究过程中，本书全面审视了政治、经济、文化等多元社会因素的综合影响，并以澳门历史城区为具体案例，细致剖析了社会结构与模式变迁如何深刻作用于城市的日常生活空间。进一步地，本书追溯了自开埠以来，历史城区内日常生活空间所经历的历史性变革与城市空间的形成轨迹，力图揭示城市空间变迁背后深层次的内在联系与规律。

3. 生活空间与零售商业

希利尔等指出，当其他条件一致时，城市街道网络空间结构自身即对其中的人流运动分布模式产生系统性的影响[①]。

街道网络本身的空间结构对交通流分布格局有系统的影响。德国地理学家克里斯泰勒曾谈到，城市的结构是人类社会经济活动对空间的投射。城市商业空间网络的变化依靠所在的交通流量，特别是慢速交通的通行对城市网络的变化影响甚多。在自发形成的城市中，合理的商圈分布是评价城市层级网络体系完善度的重要标志之一，其商业功能的适应性与灵活性在城市网络中所起的影响作用较广且深刻。

简言之，零售企业所代表的特定土地类型往往依赖于交通流的运动并从中获利。城市空间结构以交通流的运动为媒介，进而影响城市土地利用的分布格局。这是因为人们很少会去访问偏远、影响深远、可达性较低的街道，而城市空间配置的内在不平等导致了更多的人在城市空间系统中使用更完整、更可达的街道。城市空间结构与土地利用分布的互动机制产生了城市的居住中心和商业中心。因此，"乘数效应"[②] 可以使特定区域的街道网络空间结构部分调整，以适应更密集的发展，而零售企业等特定土地利用类型的聚集则可以进一步吸引更多的人。一般来说，成功的商业中心或生活中心都位于可达性高、一体化程度高、交通便利、局部空间结构紧凑、规划合理的区域。

---

① ［英］比利·希利尔. 中心性作为一个过程：考虑变形网格中的吸引力不等式［J］. 城市设计国际，1999，4：107 – 127.

② 乘数效应（multiplier effect）是一种宏观的经济效应，也是一种宏观经济控制手段。

小区层面的市场和小型商业中心体现了城市生活空间的经济活力。随着时代的变迁，其分布呈现出动态发展的趋势。历史城区内部的特定空间网络，小商业无疑是串联起来的关键节点，也是城区内部人际关系的关联节点，历史城区在不同范围的空间尺度带来的可达性、整合度、可理解度等来促发空间关联。较强的空间关联会决定某一特定功能是否能够继续存在和发展。就生活空间的小商业而言，可以分析出它们存在和功能集聚之间和城市空间网络的联系。例如，商业的位置、面积、租金等都会受到选择度参数的综合影响。城市形态对于小区级小商业的分布具有决定影响，通过空间句法分析，可以看到，中心活力点主要分布在街区内部连接较好、可理解度高的区域。中国城市规划设计研究院的杨滔基于兴趣点 POI 数据（Point of Information），分析了澳门历史城区生活空间各商业服务功能在空间分布上的规律，发现中低档的业态更加依赖于空间可达性。

将城市中心视为多尺度空间结构产物的观点大概可以上溯到如中心地等以距离为基础的模型（Christaller，1933），在城市尺度的探讨中，贝里和加里森（Berry and Garrison，1960）也证实了中心地等级在零售业聚集与人口的相对关系中是真实存在的。因此，我们主要基于澳门历史城区生活空间的各个层级的商业业态分布状态、落位规律以及形成的空间网络关系所带来的中心活力为主要研究重点。

4. 空间句法理论

空间句法是一种从空间形态的角度来理解人类社会、经济和文化行为的理论，主要关注于空间、运动和功能这三者之间的关系。一般来说，由于运动与功能是互动的关系，城市空间形态的变化会迅速地影响其中的运动，进而影响空间中的功能。同时，空间句法的重点是从空间网络的角度去研究物质空间形态和社会经济之间的互动，而这种复杂的空间组构之间的联系，影响并形成城市生活中各种活动的空间分布，如图 2-4 所示。

空间句法理论是在 20 世纪 70 年代末由比尔·希利尔和他的团队在"环境范式"和"逻辑空间"研究的基础上提出并使用的[①]。早在 1974 年，比尔·

---

① ［英］比尔·希利尔. 空间就是机器［M］. 杨滔，张佶，译. 北京：中国建筑工业出版社，2007：1-297.

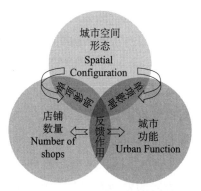

图 2 - 4　空间—业态—功能三者之间的关系图解

资料来源：盛强．流体的城市——空间句法北京实证研究案例［M］．北京：中国建筑工业出版社，2022：61．

希利尔就用"句法"一词来指代一种法则，这种法则解释了基本但根本上不同的空间安排是如何产生的。希勒尔和朱利安·汉森在他们1984年出版的《空间的社会逻辑》一书中正式提出了空间句法。指出空间可以反映社会的逻辑和统计特征，表达人们的社会活动如何受到空间格局的影响。经过10年的广泛应用和实证研究，这些著作和文章为空间句法的发展奠定了理论基础。1996年出版的《空间是机器》一书提供了更全面的总结。汉森在1999年出版的《建筑结构解析》一书中，对建筑层面的空间句法进行了大量的分析和应用。

希利尔在第三届空间句法国际会议上提出了城市主体理论，自该理论提出以来，得到了许多国外学者的完善。应用城市设计通过分析和整理主要涉及以下方面：流量预测和分析，城市空间结构及其演化，人类流和交通流在城市交通，城市犯罪映像，城市土地利用、城市建筑的结构布局之间的关系以及社会与文化等。在空间句法的引入之后，国外许多学者对如何调整城市空间的社会结构不断完善自己的理论和方法。此外，还研究了空间句法轴模型、空间句法分析方法与 GIS 的集成以及空间句法与构形的关系。空间句法理论从自由空间本身出发，解释了城市系统中的许多现象，如空间格局、交通网络、社会空间分离、交通流、人流、小区文化等，引出许多新的分析思路。理论＋实证，促使空间句法理论把握了城市规划领域的核心问题，即空间会对大量个体行为产生规律性的影响。

空间句法在一定程度上受制于数据的精度以及数据覆盖的范围大小。借助于大数据对于参数精度和实时响应能力的变革，可以在原有基础上建构新的研究方法，即如何将城市空间的功能结构同空间的多层级网络结合在一起，形成对于城市空间更新的认知。

城市空间现象复杂、客观，城市空间的研究多以城市的网络形式、城市功能进行研究，大部分研究较为主观判断多缺乏宏观把控。本书以空间句法为技术手段，重点研究城市层级网络以及其对城市功能布局的影响，分别从"空间—流量—功能"研究了城市层次网络对城市功能布局的影响。在城市与建筑空间研究的理论与方法的发展中，存在着文本逻辑分析和纯数字符模型逻辑分析两个方向。纯文化文本的逻辑分析方法容易操作，但结果并不准确、客观；纯数字符模型的逻辑分析方法具有量化的优点，但其抽象性容易忽视人的行为与空间的感性关系，难以探索空间的本质。

空间句法理论和方法是文化文本逻辑分析与数字符模型逻辑分析的有机结构，符合技术发展要求和理论发展方向，是具有人文深度和可操作性的空间研究理论与方法。通过对相关文献探讨汇总成，如表 2 - 3 所示。

表 2 - 3　　　　　　　　既有相关研究文献综述

	文献名称	作者	年份	研究目的	研究方法	研究思路
澳门历史城区相关研究文献	《澳门文化遗产保护的回顾及展望》	张鹊桥	2014	回归后"澳门历史城区"基本情况。以及所面临的挑战和机遇	史料搜集	介绍了澳门《文化遗产保护法》出台的背景、过程，以及亮点、各行为主体的权利和义务，以及《文化遗产保护法》中规定的奖励、优惠、支持和处罚制度
	《1987～1999澳门报刊广告中店铺的历史地理研究》	华文杰	2013	通过分析澳门的主要商业区分，以商铺的兴衰，联系澳门经济中心的转移	实地考察、史料研究	对澳门商铺的位置、发展、历史演变以及与城市建设的关系进行了初步的探讨
	《澳门产业结构与就业结构变动研究》	李雁玲	2008	以比较劳动生产率分析、结构偏离度分析、就业弹性分析等研究工具作补充	文献参考法、统计、资料分析法、问卷调查法	从产业经济学的视角探索澳门产业结构与就业结构过去与现在之变动规律与特征，预测其未来五年变动趋势，从而提出相关对策

续表

	文献名称	作者	年份	研究目的	研究方法	研究思路
澳门历史城区相关研究文献	《浅析澳门半岛公共空间的改善策略》	魏钢 朱子瑜	2014	将澳门半岛的公共空间作为研究对象，总结城市高密度地区公共空间的重要作用	资料分析法、调查分析法	通过剖析澳门半岛的公共空间营造特色和现状问题，提出增加公共空间节点和优化滨海步行廊道，同时优化澳门半岛的眺望景观的策略
	《澳门城市规划体系的发展历程及特征评述》	温雅	2014	分析规划体系不完善、管理事权界定不清晰、规划监督和申诉机制不健全等问题	调查分析法	根据《城市规划法》，研究城市规划的法律地位，进一步了解以总体规划和详细规划为核心的规划体系
空间句法相关研究文献	《基于GIS与空间句法的开封城市空间形态演变研究》	徐纪安	2016	探究开封市从1912～2015年城市空间形态的演变	空间句法	对开封市1912年起100年左右的城市空间形态演变进行定量分析，力求探讨分析该地区的城市空间形态演变的轨迹、特征、问题
	《空间句法的景德镇古窑区巷弄空间研究》	关嘉艺	2019	对新老城区的兼容性、上下弄的空间差异等进行分析	空间句法	从三个层面出发，以三种视角研究归纳古窑区不同层级下空间特征，探索游客与居民使用空间的关联与差异
	《基于空间句法的商业型轨道交通站域层级网络结构研究》	姚爽	2014	分析探究城市层级运动网络结构、空间网络与商业布局两者的互相影响机制	空间句法	剖析空间网络与商业布局的互相影响机制，同时进一步分析研究"形式—功能"的关系
	《空间句法下北京天津历史城区形态活力演变研究》	苏心	2014	对比分析北京和天津的历史城区纵向和横向的空间形态演变与活力演变的关联性问题	空间句法	分析两个历史城区的空间形态与活力的演变规律，使历史城区获得大范围的步行网络系统和舒适的步行体验，因此取得了很高的城区活力和商业人气

续表

	文献名称	作者	年份	研究目的	研究方法	研究思路
空间句法相关研究文献	《基于空间句法的昆明老城区空间演变研究》	段兴平	2010	研究昆明城区整体街道、昆明老城区、文明街历史街区三地的空间	空间句法	利用空间句法的指标、方法及理论对昆明城区整体街道、昆明老城区、文明街历史街区三地的空间进行句法定量分析
	《基于空间句法的荣巷古镇街区空间特征分析》	白艺佳	2009	以荣巷古镇为例探索历史街区空间存在的潜在规律	空间句法、文献研究	以文献综述作为理论支撑,运用空间句法量化分析荣巷街区,阐述和归纳总结分析结论
	《基于GIS和空间句法的历史街区保护更新规划方法研究——以江门市历史街区为例》	王成芳 孙一民	2012	探索适合历史街区的保护更新规划方法与技术流程	空间句法、文献研究	通过GIS与空间句法相结合的方法,以一个全新的视角全面剖析历史街区的内在结构与相互关联性

第三章

澳门历史城区生活空间调研与分析

本章在对澳门历史城区生活空间的深入调研与空间句法分析中，借鉴了社会学、人类学、文化学等跨学科理论，主要包含下述研究方法。

一、文献资料分析

本书通过广泛的文献阅读和分析整理，了解澳门历史城区城市生活形态和空间句法相关理论的研究动态，对澳门历史城区生活空间形态的演化进程和发展趋势进行回顾与总结，经由纵向把控与横向比较分析，针对相关领域的研究动向与科研成果有全面与详尽的了解，针对目前与历史城区发展关联的理论与观点进行研讨与总结。

史料分析主要来源于《澳门编年史》《澳门街道名册》、澳门档案馆、澳门地籍局、澳门中央图书馆、政府咨询中心等获取相关史料。本章的资料收集整理包括与城市建设规划相关的文献资料，如城市规划图纸、地方性法规、城市地图、历史照片、政府公文等；与城市历史相关的文献书籍，如地方志、年鉴、新闻报道、回忆录等。通过对收集的文献资料的筛选、阅读、考证与整合，为深入研究提供详备且系统的数据。

二、空间句法实证

对于澳门历史城区生活空间主要街道进行交通可达性、选择度、集成度等调研记录，运用实录图像、问卷调查、观察、统计等多种方式，获得更为直观的数据，再结合空间句法（depth map）、地理信息系统（geographic information system，GIS）进行数据分析，总结其丰富空间句法理论背后的发展规律及其关联性。通过回归分析法等结合句法分析变量全局集成度和局部集成度的变化对澳门历史城区生活空间形态进行特点总结和合理性评价，以及与生活空间有关联的商业中心的变迁。有的城市活动，都会伴随着一定的成本付出，这些成本包括人们的时间和精力。如果从整个城市空间来看，这些因素可以影响人流和物流的分布和动向。这就会出现"交易效率"，城市本身是动态的演进，以往是地理环境的约束，在交通工具不断改善的情况下，也可以使得城市的交通、运输条件日益改善，促使效率有质的飞跃。

（1）深度值：如果城市当中的某个街区，处于 Total Depth 的值较低的状态，就意味着，从这个地方出发，到达系统中任意的其他街区，需要克服的距离成本是比较少的。Total Depth 的值越低，越有利于提高交易效率[①]。

（2）整合度：整合度是空间句法最为传统的分析指数。在线段分析模式下，根据设定定义每条线段到周边一定的范围内其他所有线段的总拓扑距离（total depth），这些范围通过指数进行设定，所取得的数值经过对线段数量标准化处理的结果。应用公式为：

$$\text{Integration Ri} = (\text{Node Count Ri})\char`^2 / (\text{TotaldepthRi} + 2)$$

其中半径设定为 i，通常测量设定的单位为米。

（3）选择度：以米制化为单位距离，计算的数字含义是指在特定的范围内，每条线段被任意其他两条线段最短路径的穿过次数。而这个最短路径最常用的是综合转角最小的 angular analysis 计算模式。

（4）穿行度：体现局部与整体的相互关系，choice 的定义，还是按照拓扑学的最短路径来的。当然还有别的最短路径的定义方式。可以按照最小转角的法则，来找最短路径[②]。

（5）连接值：与一个空间单元直接联系的空间数目。

（6）控制值：一个空间对与之相交的空间的控制度。

在选取范围内的街道中间区段进行测点数据调研，每天测量四轮，时间段为：8：00～9：00，11：00～12：00，14：00～15：00 和 17：00～18：00，调研需包含周中和周末两天。汇总数据后，再输入周中、周末人流、车流、

① 王浩锋. 社会功能和空间的动态关系与徽州传统村落的形态演变 [J]. 建筑师，2008（2）：23－30.

② 杨滔. 说文解字：空间句法 Looking Inside 'Space Syntax' [J]. 北京规划建设，2008（1）：75－81.

店铺数量、店铺面宽等数据到 Depthmap 软件，分析出澳门城市路网的集成度、穿行度等指标。通过交通流量、功能分布、社会聚集的数据，对于空间形态的变迁进行解读和分析，如图 3 - 1 所示。

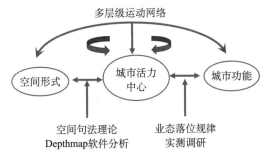

图 3 - 1　研究方法框架示意图

资料来源：姚爽. 基于空间句法的商业型轨道交通站域层级网络结构研究 [D]. 天津：天津大学，2014.

三、社会调查研究

参与式观察法：研究者作为研究对象的一分子，进入其所在的社会关系中，参与日常生活活动，以居民的视角进行记录和观察。该方法可以通过深入的体验，避免了浮于表面的"先入之见"，而是以当地居民的主位观点，对历史城区加深了解。通过对历史城区空间分布多样性调研，了解其空间格局特征，再通过对其进行大量的现场观察和调查。对于主要具有街道进行交通可达性、选择度、集成度等调研记录，采用问卷调查、观察、录像照片、数据统计等多种方式对历史城区空间活力的特性进行全面详细且深入地研究。获得更为直观的数据，再结合空间句法（depthmap）、地理信息系统（geographic information system，GIS）数据分析，总结其丰富空间句法理论背后的发展规律和相关联系。

统计分析：将相关社会经济数据与问卷数据进行整理，通过 Excel 统计分析软件进行数据检验、数据表达、关联性分析、多元回归分析等，真实准确地阐明城市居民生活空间的特征规律。

| 第四章 |
澳门历史城区生活空间的活力中心演变

一、澳门历史城区生活空间的历史发展背景

通过总结澳门半岛近 500 年的四个历史时期发展阶段，以时间轴线的维度去梳理生活空间的中心活力点变迁的规律，可以发现活力中心在一定的程度上，受到全球贸易、社会经济、交通变革、街道宽度等因素的影响。而空间句法通过全局整合度、局部整合度、协同度等因素的分析，对于以上重要方面进行了量化的分析和解释，可以直观地体现出他们之间的关联度。并通过既有的数据参数，进一步对完善城市功能发展和活力区域预测，形成一个更加客观、科学的判断。

澳门历史城区生活空间的发展过程，主要通过城市活力中心的核心指标来判断，分别为全局整合度及局部整合度这两个指标，在这两个层面可以清晰地反映出澳门历史城区生活空间的中心化过程。例如，在全局整合度的计算中，以轴线模型为基础，而局部整合度则采用句法分析中的线段模型，突出步行为主的 0.5 千米半径为运算范围。因此，整体道路结构中心的迁移和局部街区街道网结构的强化过程可以由全局整合度与局部整合度的分析展现，进一步剖析空间演变背后的多种影响因素。

本章总结澳门半岛发展的四个历史时期阶段：一是双核三小区模式；二是双核互动模式；三是多核扩展模式；四是多级层级叠加模式的空间演变轨迹。

在这漫长的城市发展进程中，澳门历史城区、城市空间形态在空间构型方面发生了怎样的演变？尤其是直街、内港、新马路、北部高士德新区，充分体现地域文化的生活空间，它们的空间形态与城市活力中心的兴衰与迁移之间是否存在关联？从空间形态的角度，如何看待澳门历史城区生活空间中，

从早期的商贸、防御、世界贸易和填海扩张转向旅游、博彩等城市职能转型，它们在不同历史时期所承担的城市职能转型中的核心影响力和背后存在的关联因素？

二、澳门历史城区生活空间形成与发展的四个阶段

结合澳门城市发展的社会、经济、政治、文化等方面的发展历史分期，本章研究以生活空间为研究聚焦，将澳门历史城区生活空间形成与发展的阶段划分为四个时期，分别是葡城时期（1557～1840年）、澳城时期（1841～1900年）、扩张时期（1901～1980年）、发展时期（1980年至今）。

1. 葡城时期（1557～1840年）：一轴双核三区

随着第一次工业革命，殖民掠夺和奴隶贸易积累了大量资本，沿着远航线路开辟的殖民地在18世纪中期形成了大量的殖民国家，澳门也由此成为了葡萄牙势力扩张"海上长城"侵占的一个重要据点。在此时期，澳门历史城区生活空间主要体现了"一轴双核三区"的空间形态特征[1]。

（1）"直街"——中世纪城邦的独特轴线。

澳门首先从村落发展，进而构建城市道路网络，最后再形成结构完整系统的城市。16世纪中叶以来，澳门大规模的城市建设开始，澳门半岛的早期城市建设依照葡萄牙历史发展时期的城市构建，即在城市结构中起主导作用的"直街（ruadireita）"，这在葡萄牙的波尔图城市中也可以找到相似的做法。在葡萄牙语中，"ruadireita"由两个词组成："rua"意为"街道"，"direita"意为"直的"或"右边"。所以，"ruadireita"可以理解为"直的街道"或"直街"[2]。

直街是中世纪城邦中一种独特的轴线布局形式。它是指城市中心的一条长街，通常呈南北走向，穿过整个城市，并连接城市的主要门户。直街通常是城市规划的重要组成部分，对城市的布局和功能起着关键的作用。起源可

① 严忠明. 一个双核三社区模式的城市发展史 [D]. 广州：暨南大学，2005.
② 严忠明. 直街观念与澳门早期城市建设的规则 [J]. 史林，2004（1）：40-43，126.

以追溯到古代罗马城市规划的传统。罗马城中有一条称为卡普托利奥大道（Capitolium）的主要街道，它从城市的主要门户延伸到城市中心的卡普托利奥山上的庙宇。这条街道的设计和功能在中世纪得到了继承与发展，形成了直街的特点。直街的设计通常考虑到城市的防御和行政功能。它连接城市的南北两个门户，方便人们出入城市。直街通常比较宽阔，以容纳大量的行人和车辆。沿街两侧建筑多为商业和行政机构，如市场、银行、市政厅等。这些建筑通常具有重要的政治、经济和社会功能，使直街成为城市的主要活动中心。其布局还可以体现城市的社会结构和权力关系①。通常，直街的中心位置是城市的最高权力机构所在地，如王宫或市政府大厦。沿街两侧的建筑通常由富有的商人、贵族和政治家所占据，彰显了他们的社会地位和财富。而离直街较远的地方则多是普通居民的住宅区域。

直街在中世纪的欧洲城邦中比较常见，如意大利的佛罗伦萨、德国的科隆等城市都采用了这种布局形式。直街不仅提供了城市的交通和商业中心，还体现了城市的组织和文化特点。至今，一些古老的城市仍然保留着直街的布局，成为历史和文化遗产的重要组成部分。

在澳门建城初期，圣安多尼教堂（花王堂）、圣母望德堂、圣老楞佐教堂（风顺堂）等三座教堂是最早建立起来的，并且在这三座教堂周围建立相应的聚集团。在这三大教堂之间形成一条南北走向的直街，构成早期城市建设的基本框架和串联起重要的教堂与广场，在经历了长时间的发展之后，成为同葡萄牙其他城市一样重要的街道。街道向两边伸展呈现鱼骨的形式，主要沿花王堂街、大三巴街、龙嵩街等几个聚集点。

17世纪的中叶，议事亭前地和龙嵩街是城市的主要发展朝向，澳门内城形成由一条主街和七条小巷组成的几乎完整的街道形态模式。

经过较长时期的演变，教会的发展使社会组织和社会秩序更加的规范和富有人情味，商业道德与社会规范结合得更加紧密，人们的生活追求更具有工商特征，伴随着街道的发展，澳门的城市活力中心逐渐集中于营地大街至龙嵩街一带。

---

① 朱明. 中世纪的想象与功用——论刘易斯·芒福德的中世纪城市观 [J]. 都市文化研究, 2014 (2): 40 – 48.

(2) 葡华分治下的"双核"三区。

葡萄牙人于 16 世纪初开始在东南亚建立殖民地，澳门也成为他们侵占的重要据点之一。从 1572 年开始，葡萄牙人"租居"澳门，开始向中国政府缴纳地租，1572～1849 年，通过进一步扩张，形成了澳门内城与望夏村的两个权利核心，澳门城市呈现出双核三区的布局模式。

双核是指澳门半岛在历史上有两个政治中心，即葡萄牙人的政治中心和华人的政治中心，形成了澳门历史城区结构中的"双核"。三区是指当时的华人生活区、葡萄牙人生活区以及中葡混住的内港生活区。

一方面，葡萄牙人的政治中心以议事厅为中心，代表着葡萄牙人对澳门的控制和管理。这个政治中心反映了葡萄牙人在澳门的政治权力，并展现了他们的生活方式和管理习惯。另一方面，华人的政治中心以望厦村为聚集点，仿照中国明清时期政府的运作模式。这个政治中心代表了当时华人社群的利益和主权。这种双核结构在一定程度上反映了葡萄牙人和华人之间的政治权力和社会组织的分隔。它也是澳门历史和文化的重要组成部分。

"三区"分别是以望夏村为代表的"中国乡村"小区、中葡混合生活小区和葡人生活小区，根据 1792 年及 18 世纪的澳门地图，可以看出三个明确的形态区域已经形成[①]。

这一时期的城市生活空间活力中心集中在中葡混合生活小区及葡人生活小区。圣母玫瑰堂与水坑尾城门是围绕圣奥斯汀教堂形成的（龙嵩庙），在澳门城市范围没有扩大之前是两处重要的商业中心（黄就顺，1997），历史上的澳门城中已经形成了明显的由商业区、行政区、住宅区和工业区组成的分区。南环、议事亭前地及龙篙街一带处于行政区，所以对于工业没有优势，只有西湾的烧灰炉筑炮场（Fortaleza de N. Sr. do Bom Parto）。草堆街、营地街、十月初五街是商业聚集的区域，华葡分居是居住模式上的特点，葡萄牙人居住在南湾山麓，而内港低洼区域居住的是华人。

在内港区域已经呈现了明显的中外混居的状态，于是出现了番衣店、面包店等种类繁多的生活业态。来到澳门的葡萄牙人需要有人提供包括衣食住行、文化艺术爱好、船只的护理与维修，以及翻译、沟通、管理、对

---

① 严忠明. 一个双核三社区模式的城市发展史 [D]. 广州：暨南大学，2005.

接的服务。于是服务整个澳门半岛城市生活的产业链在内城形成，也形成了内港由水上居住的疍民，转移到陆地后的沿岸华人商业区，称之为市集区（bazar）。葡萄牙人管理港口、码头税收的海关和货仓所在区域，具有市政厅管辖的功能，称之为司打口区（pontee horta）。在内港所在内凹岸线，多分布着葡萄牙人滨水大宅，以及新形成的小市集，称之为下环区（praiado manduco）。

（3）空间形态句法分析。

在 1557～1840 年这一阶段的城市空间肌理分析图中，我们可以看到历史城区所在的澳门半岛，其整体空间格局稳定，没有特别明显的变化特征。在这段时间内，葡萄牙人最早所奠定的中世纪城邦的建设风格和空间格局也不曾有很大的改变。这一时期，澳门半岛的空间路网肌理，呈现出自由、有机的城市格局和状态，同港口有着紧密的呼应关系。这一时期的澳门半岛除了是世界商贸航线的重要据点，同时也担负着城市防御的功能。

通过空间句法分析该时期澳门历史城区生活空间发展的中心化过程，例如在葡城时期 1796 年地图的分析中，从全局整合度来看，其空间活力中心出现在城市的东南角，也是整体可达性最高的部分，连接和贯穿当时的营地大街和南湾以及北部的水坑尾、南部的风顺堂街。从局部整合度的空间模式图中可以发现，沿着当时的直街的走向，圣母玫瑰堂至龙嵩街一带，形成了良好的空间结构，可达性较高。

2. 澳城时期（1841～1900 年）：双核互动

鸦片战争的爆发打破了明清政府和葡萄牙人在澳门半岛行政上混合管理的局面。随着葡萄牙人的暴力占领，逐渐开始着手澳门城市新一阶段的发展，除了填海扩张，也颁布了一系列城市法规，澳门半岛的城市形态进一步加强。第二次工业革命的冲击为澳门的商贸业态带来繁荣的活力，资本主义市场随着科学的重大进步而进一步扩张。填海扩张带来的内港繁盛和原来以议事厅为中心的葡萄牙人的生活政治中心，形成了新的双核互动的局面。

这一时期的发展为澳门带来了经济上的繁荣和城市形态的变化。澳门逐渐成为了一个重要的商业和贸易中心，吸引了来自不同国家和地区的商人和移民。

（1）填海扩张形成的内港核心。

1840 年的第一次鸦片战争爆发使得葡萄牙政府针对时事局面调整了侵华政策。通过军事占领谋取在华的利益，澳门当局决定拆除原来的北部城墙。这面城墙从花王堂经过炮台山延伸东望洋山，葡萄牙人暴力占领北部的华人聚集村落。1918 年规划新城区并且铺设新马路，同时开始了在内港沙梨头至下环街大面积的填海造陆，当时内港有大量的华人棚户区，内港一带的海岸线也随着棚户区被拆除进一步西移，并重新规划与建设。

新城区的规划和新马路的铺设为城市交通及基础设施提供了改善与扩展的机会。填海造陆项目的进行改变了内港的地貌，为城市提供了更多的土地空间，并为未来的发展奠定了基础。此外，对华人棚户区的拆除和海岸线的重新规划与建设等举措有助于改善居住条件，提供更好的基础设施和社区环境。

填海造陆的工程在三巴仔街和下环街之间进行。当时的海岸线，位于现在的下环街一带，主要分布着做贸易的商人和手工业者。在完成填海工程城区面积扩展之后，这一带就成了华商和手工业活跃的地方，一直延续和影响至今。填海工程为该区域带来了更多的土地，为商业和手工业提供了发展的空间。这可能导致了商业和手工业的集中，形成了一个繁忙的商业区。

这种商业和手工业的活动在该地区延续至今，并对澳门的发展产生了持久的影响。华商和手工业者的活动为澳门的经济提供了动力，并塑造了该地区的商业氛围和文化特色。活跃的商业带动城市活力中心的变迁，海岸线的拓展也带动了港口渔业的发展，繁忙的港口有水手和旅客的频繁往来，带动了消费。因此，紧邻港口的十月初五马路，形成了新的商业中心，并一直延续到 20 世纪中期，华商开始在商贸领域崛起。

1845～1910 年，是澳门半岛近代工业和手工业发展的黄金时期。

主要的商业和专营承充也主要集中在内港一带，形成了围绕内港的澳门历史城区新的生活活力中心。我们可以看到人口密度和居民职业同活力中心的区域产生了紧密的相关性，并且在这一时期内的主要居民职业也同生活空间的需求高度关联。

商业和专营承充的集中区域往往会吸引人口密集和居民职业的形成。由于商业活动的集中，内港周围的区域往往会有更高的人口密度。居民职业往往会与商业需求和活力中心的发展密切相关。这种人口密度和居民职业与活力中心的区域产生了紧密的相关性。商业和专营承充的集中使得周边区域成为繁忙的商业区，吸引了商人、专业人士和工人等不同职业的人们在这里居住与工作。在这一时期，澳门历史城区的主要居民职业很可能与当地的商业和专营紧密相关。商业和专营活动的发展为当地人提供了就业机会，如商人、专业人士、服务行业从业者等。他们往往会在商业中心附近居住，以便工作和生活。这种人口和职业的集中反映了城市空间的需求和社会经济的发展。澳门历史城区的商业中心和活力中心相互促进，为当地居民提供了就业、交流和发展的机会。

（2）商贸互利带来的双核融汇。

1845 年葡萄牙对于澳门的租借管制进一步地加强，澳门总督成为行政总督，澳门锚、内港和凼仔成为当时的自由港。随着亚马骝的执政，开始强征华人的土地修建水坑尾至关闸的道路，并强行关闭清政府设立的海关关口。

颁布的城市规划方面的规划法令《王国城镇修葺总规划》，有研究认为其早于当时的欧洲，在 1881 年城市详细基础上，葡萄牙人主要推出了重要的规划措施 4 项，形成了《澳门城市物质改善报告》。

鸦片战争之后，面对香港自由港的竞争和中国沿海港口的开放，澳门特区政府在商业或法律的改革上没有更有建设性的措施，从而丧失了原有的航海贸易的优势地位，很多澳商对于澳门失去信心，开始离开澳门，最终导致政府转向崛起的华商。填海工程的进行改变了澳门的地貌，扩大了土地面积。这一工程使得原本靠近海岸线的区域变得平坦，为城市的发展和规划提供了更多的空间。

华商的捐资参与填海工程表明了他们对澳门的发展和繁荣的关注，也体现了他们愿意与政府合作共同推动城市的发展。同时，成立华人慈善机构和团体为华商提供了一个渠道来回馈社会和支持当地的社会福利项目。这些慈善机构和团体的活动可能有助于改善平民大众的生活，并赢得他们的支持和认可。在原来直街的基础上，在半岛北部，新增了三条满足以商贸的最终利益，取得了一致的目标。在很多项目中取得了专营的资格：中式彩票、赌博、鱼行、猪肉、盐货、鸦片等，具有超主要交通的大马路，城墙的拆除、商贸的兴盛和互利关系，激发了空间上融合，形成了新的城市中心。

（3）空间形态句法分析。

通过空间句法梳理该时期澳门历史城区生活空间发展的中心化过程，以 1889 年为例，澳门半岛已经进入现代化的城市阶段，由于内港填海的扩展，消解了东南片区形成的活力中心区域。

从全局整合度来看，城市的中心活力点已经转移至营地大街至内港一带，空间形态特色是紧密和通达；从局部整合度来看，以内港为核心，形成两条明显向外发散的轴线，连接原来的华人小区和葡萄牙人小区。

3. 扩张时期（1901～1980 年）：多中心扩散

澳门的城市发展在辛亥革命后迎来一个相对稳定的时期，到 1912 年正式步入了城市现代化。伴随着第三次工业革命的影响，社会经济结构发生巨大改变，社会生活的现代化和交通方式的进步等，都进一步推动了澳门历史城区的发展和改变，进而影响了历史城区生活空间活力中心的转变，体现为多中心扩散的格局。

第三次工业革命带来的科技进步和现代化的社会生活方式对澳门的发展产生了深远的影响。新的工业技术和交通方式的改进改变了人们的生活方式和城市规划。随着城市现代化的推进，澳门的历史城区逐渐演变为一个多中心扩散的格局，不再局限于传统的中心区域。

这种多中心扩散的发展模式意味着澳门的经济和社会活动不再局限于特定的中心地带，而是在整个城区范围内扩散和分散。不同区域可能形成独特的活力中心，各自发展出特色的商业、文化和社交活动。

这一时期的城市发展和变革使澳门历史城区适应了现代社会的需求和变化，为多样化的经济和文化活动提供了更多的空间和机会。

（1）四大商业中心初步形成。

澳葡政府为了改善港口的商贸、通航条件以及对于环境的治理，开始逐步地拓展填海工程，海岸线被拉直后形成了内港目前的空间状态，以加强与内地的商贸往来，并与香港贸易口岸竞争。1950 年代后期位于外港的填海区和南湾的填海区以及处于黑沙环的填海区等都是大规模的工程。在此时期，内港与外港联系起来的重要条件是老城区中新马路的建设，这条主要交通干线贯穿东西海岸。

这些填海区域的建设对于将内港与外港联系起来起到了重要作用。填海工程的进行旨在改善澳门的商贸环境，扩大港口设施，提高运输能力，吸引更多的贸易和航运业务。这不仅促进了澳门与其他地区的贸易联系，还为当地的商业活动和经济发展提供了更多的机会。特别是在老城区中，新马路的建设成为一条重要的交通干线，贯穿东西海岸，方便了内港与外港之间的交通和贸易流动。填海工程的进行旨在改善澳门的商贸环境，并增强其作为一个重要的贸易中心的地位。填海扩建的内港提供了更多的码头和航运设施，促进了当时国际贸易和航运业务的发展。

"直街"并非一条笔直的街道，反而是曲折、变化的形态，有着深刻的天主教宗教内涵。"直街"作为欧洲中世纪城市空间格局的典型特征，在葡萄牙的很多城市都可以发现类似形式街道的存在。这种建筑风格和建设理念，对澳门半岛早期的城市格局产生了深远的影响。澳门直街从 1557 年开始，以沙栏仔街为起点，往下连接到花王堂街经过圣安东尼堂，到达现在的大三巴直街附近，转而向营地大街延伸。营地大街往上连接到大三巴直街，往下则连通龙嵩正街，蜿蜒而下接连顺风堂街，直至高楼街，前述是整个直街的主轴。

这次调研将直街分为七个段落，选取环境适宜的天气，采用跟随调查记录，随机选取对象，进行样本地调查，如图 4-1 所示。调研时间区分为周末

图 4-1 流线观察记录——个人轨迹

资料来源：本研究绘制。图片为本书编写团队实地拍摄。

和工作日，以确保调研的客观性。首先在公交站附近选取研究样本，跟随目标对象直至进入某一空间内部，又或是长时间停留于某处，其时间超过 10 分钟，则停止跟随。过程中结合高德地图，记录行为路径、消耗时间、停留的空间功能及关注的商业内容等，以及是否转换成其他交通工具。结束路径跟随后，接续分析行人在空间区域的活动目的，依据旅游、工作、购物、回家、闲逛等进行分类。研究分析则结合 Depthmap 对澳门直街区域，进行空间句法分析，度量出历史街区空间的整合度、可理解度、协同度等具有重要影响力的参数，解读人流行为和对移动路线的判断、选择以及可能影响空间形态的潜在因素。

新马路是目前澳门历史城区最为繁华的主干道。从 1918 年开始，把原有的弯曲街巷打通，从殷皇子大马路东部开始，西端至火船头街与巴素打尔古街之间，形成了本研究的范围。新马路长约 620 米的商业干道，担负着贯通东西两岸的交通干道，汇集了金融、商业中心，形成了目前的状态。虽然在一定程度上满足了车行交通的便利，疏解了拥堵，同时也打破了原有直街的空间序列，成为历史街区空间割裂、不均衡发展的主要诱因。

澳门北部地区的道路体系渐渐发展得更加丰富了，城市中的建设热潮直至 1939 年第二次世界大战爆发时才有了缓和，在新的政治经济形势下，澳门半岛新城形成了有四个各具特色的商业中心，澳门半岛中主要商业中心由原来的内港移至营地大街以西一带，十月初五日街、传统中式风格的福隆新街、清平直街等这一时期新建的现代商业街都是由于内港的填海整治工程导致的①。新马路的开辟对于整体的城市形态格局产生巨大的影响，适应现代化城市生活的道路的产生打破了原有直街所塑造的城市轴线和曲折有机的空间形态。

商圈的活力中心位置与人口的分布是吻合的。港口贸易在澳门非常繁荣，不仅吸引了人口的集中，还带动了贸易的发展，从居民当时的就业分类可以看出与港口、海洋贸易有关的职位占有绝对的优势。

20 世纪初有四个各具特色的商业中心，当时最为繁华的商业中心是新马

---

① 刘先觉，玄峰. 澳门城市发展概况［J］. 华中建筑，2002（6）：92 – 96.

路,存在着许多的高档商店与大型金融机构①。当时仅作为周边欧洲居民服务的小区商业中心的澳门建城初期直街所在的区域(沿龙嵩街至风顺堂街一带),主要商业中心内港仍然以小型商业、服务业和手工业为主要的经济类型,位于半岛南部下环街与河边新街之间是华人商业区域。

(2)多中心的空间重构。

因为新马路的开辟,澳门半岛的经济中心从营地大街迁移到了新马路,商业经济的分支就是营地大街。集中在南湾大马路和议事亭前地的家银号,以及四大商家从风顺堂街前地至龙嵩街再延伸至水坑尾街,经过集中了洋人服装店、陶瓷店等商业的新马路垂直街区,例如伯多禄局长街、天神巷和美丽街,除此之外,食品粮食店、陶瓷店、理发店、钟表店和金器店等为欧洲居民提供服务的商业集中也在这条街上。火船头路、康公庙前地、草堆街、营地街、十月初五街及清平街等是当时位于议事亭前地到内港的商业中心。不仅如此,这条街上还存在着像中央酒店、东亚酒店及百货公司和匹头洋货店等当时澳门最大的商业建筑。在此开业的还有金融银行,兑换银号和各类服务行业。

新马路的打通形成内城和海岸线码头之间的联系,使得填海运输的便利性增强。新马路并且结合交通形式的改变,大量的车流、人流,使澳门形成了高端商业区。新马路的开辟为澳门带来了现代化城市生活所需的道路网络,打破了原有的直街布局,改变了城市轴线和空间形态。这种变化包括直线和规划的道路,更现代的交通设施,以及与新马路相连的建筑和发展项目。这种城市形态的变化反映了澳门逐渐适应现代化的需求和城市规划的变化。新马路的开辟为澳门的商业、居住和交通带来了新的发展机会,使城市更具活力和现代感。

海岸线拉直后,在内港形成了小商业、服务业、手工业为主的城市活力中心,下环街和河边新街,以小手工作坊为主,由于有很多华人居住,也推动了一定程度上的华商的发展。在这一区域内,商店稠密商业发达,酒楼等娱乐场所相连、车辆交错、行人往来、灯火通明通宵达旦。

---

① 王浩锋,饶小军,封晨. 空间隔离与社会异化——丽江古城变迁的深层结构研究[J]. 城市规划,2014,38(10):84-90.

以华人作坊为主的其他小商业点也围绕在新马路为中心的商业区的外围，旧货店、一些五金店等小作坊在沙栏仔街和大码头街以及沙梨头街附近。食品店、理发店、五金店等存在于下环街与河边新街之间的区域，此处仍以手工工厂为主要商业类型。许多的药店和陶瓷店存在于连胜街与慧爱街之间。市政厅、民政总署、司法警察局等行政机关设置在南环、议事亭前地以及龙嵩街。

由于澳门是一个以商贸为核心的城市，因为生活空间需求而产生商业也紧密结合商贸活动，成为人流物流和信息流汇聚的中心。传统茶楼就是当时生活空间社会风貌的典型代表。不止本土食客是这些茶楼的消费对象，还有一些域外和周边的消费群体。体现经营者的商业智慧和茶楼持续不衰的内在动力正是茶楼这种时空分布上的特点和规律，如享有盛誉的六国饭店位置就接近于澳门当时对外联系的主要通道——内港码头，因此饭店的常客大多是进出澳门的商人和船客以及周边的街坊邻里和务工工人等。

位于商业中心营地大街的远来茶楼十分具有大型商业化特色，历史上百业商贾的主要汇聚区和所在地便是于此，坐拥澳门最大的街市营地，附近的街巷更是商号云集，商业繁华，车水马龙。远来茶楼能成为各色人群品茶饮食的休闲中心之一还要归因于其如此得天独厚的地理位置。正门在康公庙的斜对面的冠男茶楼位于木桥街和十月初五日街的交界处，这个位置的选择与澳门经济发展有十分紧密的关系。内港码头曾是澳门渔民的聚集地，新马路一带是渔民上岸做生意或与商人做生意的地方。内港码头作为澳门渔民的聚集地，对澳门的经济发展起到了重要的作用。渔民在内港码头上岸后，他们可以前往新马路一带与商人进行交易，开展商业活动。因此，冠男茶楼的位置选择在内港码头附近，可以为渔民和商人提供一个方便的聚集地，促进他们的交流和生意往来。这种地理位置的选择可以使冠男茶楼成为一个繁忙的商业中心，吸引了来自不同背景的人们，包括渔民、商人和其他居民。这种多元化的人群和商业活动可以为澳门的经济发展和繁荣作出贡献。

此外，与下环街、河边新街相连接，形成澳门最繁荣的工商业地区之一。有现代化的酒店或酒店，如中央酒店和国际酒店，其中传统的粤式茶馆也集中分布，如德利茶馆、大龙峰茶馆。正因为如此，它已经成为娱乐休闲活动和商务谈判的最佳场所。龙华茶楼是澳门北部华人小区的一个位于红街市旁提督马路的传统粤式茶楼，周边的小区居民、船厂的工作人员、其他人群等是这个茶楼的主要消费人群。总之，传统茶楼的发展与繁荣同澳门社会经济发展、民生需求以及华人小区分布等有着千丝万缕的关系。从传统茶楼的分布特点可以分析得出的，高利润的商业分布同人流聚集带来的"流"形成了活力中心。

传统茶楼的分布特点可以提供一些关于活力中心的分析线索，尤其是与高利润商业分布和人流聚集有关的因素①。传统茶楼在澳门的分布往往集中在人流密集的地区，包括商业区、市中心或华人聚居区。这些地区通常是商业活动和社会交往的中心，吸引了大量的人流。传统茶楼的发展受益于这些人流的聚集，因为人们在购物、工作或居住时，希望在附近享受茶楼提供的服务。茶楼作为社交场所和休闲娱乐的地方，能够满足人们的社交需求和休闲娱乐的欲望。在茶楼中，人们可以品尝茶饮、品味美食、交流互动，共享社交体验。因此，茶楼的位置选择通常与人们的居住区域和社交活动相关联。

（3）空间形态句法分析。

1912 年澳门半岛进入现代化城市进程，随着城市建设速度的加快，原有城市肌理也由原来的鱼骨状的轴线，增加了新的路网框架的建设，新的道路层级体系也慢慢发展出来了。随着填海范围的扩展，城市的肌理和轮廓不断更新。

通过空间句法梳理该时期澳门历史城区生活空间发展的中心化过程，在 1912 年的全局度分析图中，南湾大马路、水坑尾街、高士德大马路一带的整合度受到城市现代化进程的影响呈现出非常高，界定的中心区受到地形的影响所以没有形成像内港那样强有力的活力中心。这意味着南湾大马路、水坑尾街和高士德大马路一带在城市发展过程中扮演着重要的角色，并成为活力和繁荣的中心区域。这些区域可能集中了商业、社交和文化活动，吸引了大量的人流和经济资源。

然而，由于地形的限制，其他区域可能没有形成像内港那样强大的活力中心。地形特征如山脉、河流等可能影响了城市发展的格局和空间布局。因

---

① Scoppa M D, Peponis J. Distributed attraction：the effects of street network connectivity upon the distribution of retail frontage in the City of Buenos Aires ［J］. Environment and Planning B：Planning and Design，2015，42（2）：354 – 378.

此，虽然这些区域可能参与了城市现代化的进程，但由于地理条件的制约，它们没有形成独特且强大的活力中心。

而高士德地区新发展的城市街道网络结构，趋于优化。从全局整合度来看，新马路的建设，对于澳门历史城区生活空间的中心活力产生巨大的影响，进而促成连接内港后活力中心的迁移；从局部整合度来分析，基于生活空间的半径分析规律，可以看到内港、高士德和三盏灯的中心功能也逐渐清晰。

空间句法梳理可以帮助我们理解城市发展的空间格局和中心化过程。通过分析不同地区之间的连接、相对位置和功能分布，我们可以更好地理解澳门历史城区生活空间的发展，并揭示不同区域之间的关系和各自的特点。

4. 发展时期（1980 年至今）：多层级叠加

信息技术带来的网络物理系统不仅促发了第四次工业革命，也转变了澳门半岛城市职能。城市随着世界整体影响所带来的改变，也反映到城市形态的进一步发展和整体中心的变化与迁移。新老城区的格局相互依存及影响，形成了适应不同城市生活需求的多层级城市网络架构，数字技术和科技的变革也使我们要从新的视角去观察和感知澳门历史城区的变化，如图 4-2 所示。

图 4-2 澳门城市中心的变化和迁移

图片来源：本书编写团队实地拍摄。

城市作为一个整体，不仅受到全球化和科技进步的影响，也受到居民的需求和生活方式的变化所驱动。这些变化推动了城市形态的进一步发展和演变。新老城区的格局相互依存并相互影响，形成了多层级的城市网络架构，以适应不同的城市生活需求。数字技术和科技的进步为城市提供了新的视角和感知方式，使我们能够更好地观察和理解澳门历史城区的变化。

随着信息技术的蓬勃发展，澳门历史城区也在逐步实施数字化转型，包括智慧城市建设、数字化管理和服务等方面的创新。这些新的技术和应用不仅改善了城市的运行效率和居民的生活质量，还为城市发展提供了更广阔的发展空间。

（1）新区开发带来的生活空间分异。

老城内由"里""巷"构成，娱乐场所、现代高层酒店和住宅办公建筑组成新的街区，两个区域形成鲜明对比的城市肌理。随着城市职能的转变，在现代化的进程中，交通方式的变革对于澳门历史城区空间结构的演变起了重要作用。从整体空间结构上来看，城市的活力中心区已经不再是传统的中心与边缘的关系，而是多个中心、多种运动层级所构成网络的叠加界面关系。

交通方式的变革对澳门历史城区的空间结构演变起到重要作用。随着城市发展和现代化进程，交通网络得到改善，新的道路和交通枢纽的建设使得城市内部的联系更加便捷。这对于城市职能的调整和空间结构的演变具有重要意义。在整体空间结构上，传统的中心与边缘的关系逐渐变得模糊，取而代之的是多个中心、多种运动层级所构成的网络叠加界面关系。城市的活力中心区不再局限于单一的中心，而是在多个区域形成的多个中心点和运动层级之间相互交织和衔接。这种多中心的结构反映了城市功能的多样性和发展的复杂性。

从 2010 年的调研报告可以看出，澳门半岛主要商业中心已由原来的新马路向北渐渐转移到了高士德区附近，尽管如此，新马路的商业中心地位仍然得以维持。从商业迁移的趋势可以看出，商业中心首先由东南向西发展至内港一带，后来再向东北发展至新高士德区和新马路附近，这种变化的深层结构是由于历史城区与城市的空间隔离。澳门历史城区本身就富有独立的有机形态和结构化的空间组织，与周围现代化的几何形城市空间缺少联系因素。空间重心随着城市的现代化发展不断从历史城区内部向周边迁移，最终澳门历史城区被隔离在了城市整体结构的边缘。

正是在这种结构性突变的决定性影响下，澳门历史城区发生了功能变迁，城市各个不同部分还被不同的人群使用，并且还在特定的某些尺度和方向上形成特定的社会与功能构成。一方面，由于空间的隔离，游客成为历史城区中出行的潜在影响，他们大都是局限于自身范围及其空间的主要使用者，这些都是空间的隔离所导致的，"城中之城"就是由于难以吸收更多的人群而使旅游商品高度聚集而成的；另一方面，丰富的城市生活场所是由于城市的潜在影响不断引导各种功能聚集而成的，而过度的旅游开发是加速上述过程发展的主因。

（2）集中住宅建设带来的生活空间中心转移。

从数量上来看，20世纪90年代的澳门住宅建设是整个澳门历史时期上的高峰时期。在这个时期，澳门经济繁荣，旅游业和博彩业迅速发展，吸引了大量的投资和人口流入。为了满足居民和移民的住房需求，澳门特区政府大力推动住宅建设，大量的住宅项目陆续展开。兴建了许多新的住宅区和楼盘，以满足不断增长的人口需求。这些住宅项目涵盖了不同的居住需求，包括公寓、别墅和社区式住宅等多种类型。

这一时期的住宅建设也为澳门的城市发展和社会经济繁荣作出了重要贡献。新的住宅区和楼盘的建设改善了居民的生活条件，提升了城市的居住环境和整体形象。同时，住宅建设也带动了相关产业的发展，如建筑业、房地产业和家居装饰业等，为经济增长提供了动力。

根据澳门统计暨普查局公布的资料来看，从1992~2016年澳门建成和新动工住宅面积的统计中不难看出，1999年前建成住宅总面积是5 546 095平方米，平均每年是693 262平方米；新动工住宅总面积为5 253 586平方米，平均每年为656 698平方米。1999年以后建成住宅总面积分别为4 263 859平方米，平均每年为250 815平方米；新动工住宅总面积5 070 086平方米，平均每年为298 240平方米。根据资料分析，澳门近25年来住宅建设量最多的年份就出现在1992~1994年（郑剑艺，2017）。

兴建的新住宅缓和了人口密集度，为澳门城市提供了新的居住空间。每套建筑的平均面积在72~79平方米这是在20世纪八九十年代建成的住宅楼当中的大小，2000~2009年，由84平方米上升至最高时期156平方米。可以宏观地了解澳门半岛各区域的住宅价格，近五年，相比于澳门半岛的平均水平，沙梨头及下环区和大三巴区的平均价格就远远低于这个水平。由此可以看出，虽然内港也有个别新的住宅建筑落成，但总的来说，澳门半岛的新居住空间已从原来的内港移至澳门半岛的北部和东南部。随着居住地的迁移，城市发展和人口的重心逐渐转移，这进一步使内港加速了边缘化（郑剑艺，2017）。

这种居住地的转移与城市发展和人口重心的变化密切相关。随着澳门的经济和社会发展，新的住宅项目和社区在澳门半岛的北部和东南部兴建，为居民提供更多的选择。这些地区可能享有更好的基础设施、生活便利和居住环境，因此吸引了更多的居民迁往这些区域。

（3）空间形态句法分析。

从城市发展的空间肌理上来看，20世纪下半叶，南湾新填海区、外港新填海区及北区黑沙环一带的建设推动新一轮的填海造地，新的城市生活空间区域与老的历史城区在空间形态上形成了较大的差异。

高士德一带建设的生活空间区域呈现放射状、几何形态体现了对于现代交通方式和生活节奏的适应性。在空间肌理上形成了和历史城区自由变化的有机形态强烈对比，也形成了生活空间的与现代生活需求的巨大反差，加速了历史城区一带的空间职能的转换，以及因此带来的城市生活空间中心的多层级趋势。

这种居住地的转移与城市发展和人口重心的变化密切相关。随着澳门的经济和社会发展，新的住宅项目和社区在澳门半岛的北部和东南部兴建，为居民提供更多的选择。这些地区可能享有更好的基础设施、生活便利和居住环境，因此吸引了更多的居民迁往这些区域。

这一趋势进一步加速了内港的边缘化过程。较低的住房价格和相对滞后的发展可能导致内港失去吸引力，居民和投资者转向更具发展潜力和价值的地区。这可能导致内港的经济活动和人口数量减少，进一步加剧了其边缘化的趋势。

通过空间句法梳理该时期澳门历史城区生活空间发展的中心化过程，在1972~2020年的全局整合度分析图中，可以清晰地看到和新马路形成贯穿内港并连接高士德新区的空间格局。从2020年全局整合度来看，可以得出历史城区生活空间的活力中心区域呈现向北移动的态势，受到以车型交通为主要出行方式的影响，新马路的优势在逐步下降，由火船头街、巴素打尔古街担负起和高士德新区之间的连接，这一现况同街道的宽度及适合的机动车交通方式紧密相关。而从局部整合度分析来看，可以发现以步行交通为主的人流活动方式相对趋于稳定，虽然也受到中心外溢的拉力，但是仍旧是支撑历史城区活力中心的主要能动力，新马路和内港一带，仍旧保持着旺盛的活力。

2020 年世界范围新冠疫情的暴发，导致澳门的旅游业严重萎缩，由此得出了相对精准的居民人口热力资料。根据 2020 年 3 月获取的 POI 人口热力图，可以看到城市生活空间的中心在进一步北移。这一趋势和空间句法全局整合度和局部整合度所得出的数据趋势吻合，也反映了澳门历史城区生活空间以及同日常生活有关的商业分布状态及人群活动的中心也主要聚集在澳门半岛的北部，与关闸的内在引力存在紧密联系。

在旅游业受到冲击的情况下，居民可能更倾向于在本地活动，导致了城市生活空间中心向北部集中的趋势。这也可能与澳门半岛北部的现代化发展和多样化的商业设施有关，为居民提供更多的生活和娱乐选择。

总的来说，2020 年的新冠疫情对澳门历史城区的生活空间和人口分布产生了一定的影响，而城市生活空间的北移趋势与关闸的内在引力以及现代化的城市发展密切相关。这一趋势反映了澳门城市发展的动态性和适应性，也呼应了历史城区与现代生活需求的多层级趋势。

三、澳门历史城区生活空间活力中心的演变趋势

整体而言，在澳门历史城区的空间句法分析中，全局深度越高的空间，整合度的值越低，而全局深度值越高的空间，就是穷尽了所有可能性以后，从其他空间到该中央空间，需要花费的步数较多，因此，全局深度越高的可达性越差。整合度高的空间可达性高，深度值①、整合度②、选择度③、反映

---

① 深度值：如果城市当中的某个街区，处于 Total Depth 的值较低的状态，Total Depth 的值越低越有利于提高交易效率（王浩峰，2010）。

② 整合度：在线段分析模式下，整合度是空间句法最为传统的分析指数，根据设定定义每条线段到周边一定的范围内其他所有线段的总拓扑距离（Total Depth），应用公式为 Integration Ri =（Node Count Ri）^2/（Total depth Ri + 2），通常测量设定的单位为米（王浩峰，2010）。

③ 选择度：以米制化为单位距离，计算在特定的范围内，每条线段被任意其他两条线段最短路径的穿过次数，而这个最短路径最常用的是综合转角最小的 Angular analysis 计算模式（杨滔，2019）。

出不同时期相关参数。

1. 生活空间中心化过程的整体特征

生活空间中心化过程主要体现在空间句法模型的全局整合度、局部整合度、协同度、可理解度等数值上。整合度衡量了一个空间吸引到达交通的潜力，在整合度核心附近，往往经济繁荣且人气很旺，也就是我们所关注的中心活力点。城市的发展会围绕整合度高的中心，形成最初的城市中心，伴随着城市扩张，空间整合度的中心也有可能从最初的有限的小尺度街道，逐步扩张，同时在社会经济条件的变化中产生变迁。从历史时间的长轴来看，这一趋势就非常明显，也可以从侧面反推出，当时社会、经济、甚至政治因素所产生的重要变化。

在澳门历史城区及周边缓冲区，从时间的脉络可以看出在这四个时期的城市化进程中，平均连接度和全局整合度、局部整合度的数值，均有显著提高，表明以历史城区为核心的澳门半岛，整体城市结网结构趋向通达和整合，从整合度分析图中可以看出，城市的中心从最早的直接转向内港，继而延伸到东北部新区，最终呈现多个中心的趋势。

城市由早期的闭塞、保守到开放、连贯的现代城市形态由此体现出来，同时，表内协同度的数值也有进一步的提升，如表4-1所示，反映出澳门历史城区生活空间的街网结构局部与整体之间的共生关系。

表4-1　　　　　　　　　　1834~2020年空间句法参数值

项目	1834年	1889年	1972年	2000年	2006年	2020年
平均全局整合度	0.568	0.792	0.74	0.92	0.910	0.76
平均局部整合度	1.39	1.753	1.67	2.08	1 791	1.70
平均连接度	3.021	3.890	3.46	3.64	3.65	3.52
可理解度	0.160	0.267	0.261	0.315	0.271	0.293
协同度	0.431	0.450	0.420	0.360	0.43	0.486
全局整合度最高值	0.810	1.210	1.07	1.56	1.541	1.3
局部整合度最高值	2.675	3.501	3.35	4.47	3.90	3.2

资料来源：本研究绘制。

从整个历史城区的可理解度的参数来看，由于澳门历史城区的空间肌理在1834年之后，变化区域稳定，因此数值整体波动不大。在1834~2000年，1972年开始散点有显著的上扬趋势，有明显的改变，其他时段趋于稳定，反映出在澳门半岛填海扩张之后，历史城区及周边区域的可理解度相近，如图4-3所示。

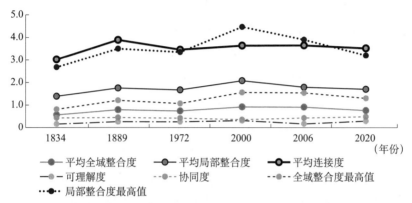

图4-3　1834~2020年空间句法协同度、可理解度参数值比较
资料来源：本研究绘制。

2. 生活空间活力中心的迁移动因

虽然澳门历史城区空间形态的整体格局在近200年内趋于稳定，但是现有规划给世界遗产时代的澳门城市塑造的全新城市形象，对于传统特征和城区多样性形成了进一步的催化作用，澳门的传统城市意象的保护与更新也要得益于此。传统历史城区生活空间的商业区由于新区的发展而缺乏产业支持，博彩业的冲击加剧了传统走向衰败的趋势。传统城区保护和新区的发展需求不同难以达到平衡，片区关于发展的思考缺乏城市宏观层面上的考虑使得矛盾的激化，主要表现为以下三个趋势：

首先，世界遗产推动澳门建设休闲旅游中心的定位其结果促使了澳门历史城区生活空间的城市职能转型，促使城市物质形态、生活都呈现出了两面性。在城市形态上，从土地的规划、商业分布到交通方式等方面，新的城市空间结构及功能对人们居住生活吸引的缺失，这些矛盾日益显现。

其次，澳门在进入世界遗产之后在区域经济模式的转变上有了独特的目标，世界旅游休闲中心的定位使得上层建筑的思考上更加坚定了。同时，旅游带来的商业贸易的过度开发，也表现出对于历史城区生活空间小商业的侵蚀，也加速了历史城区生活空间活力中心转变和外溢的趋势。

最后，关闸口岸形成了特殊的时空载体，形成了新的商业利润驱使的中心点。在一定程度上代替了原有内港的角色和作用。大量的出入关口的人流，带来了新的"流"量的变化，新的商业载体聚集在这一中心，并衍生了一定交通距离内的生活空间住宅和商住两用住宅区的发展和丰富。

纵观整个历史时期不同阶段的活力中心分布图与各时期的整合度分析，可以观察到街网空间的整合中心与全局和局部两个层级的商业中心呈对应关系，体现出希利尔研究所归纳的规律：成功的生活中心往往和商业中心具备相似的空间条件，并呈现出迁移趋势相近的状态。

从全局整合度来看，历史上的活力中心不仅位于全局整合度较高的位置，在局部整合度的街道网络肌理呈现中，也可以看到通达性较好的空间结构，全局整合度中心的迁移，在一定程度上诱发了城市次级中心的形成，也构成了今天多层级的城市网络状态。城市层级的大型商圈、区块层级的街市网络以及小区级小商业，尽管不同层级对应的街网空间结构和匹配交通方式各有不同，但是仍然能够形成立体的网络结构，在不同的尺度范围内，形成自身独特的空间优势，在不同层级发挥活力中心的作用。

第五章

澳门历史城区生活空间层级结构

生活空间的活力中心主要定位在与居民生活紧密相关的衣食住行功能的范围，呈现出一定程度上自上而下的特征。一个多层级的活力中心之所以可呈现有机活力，往往涵盖了商业服务和社会交往的功能，在居民的日常生活中起到纽带的作用，引发人们在心理上形成强烈的场所认同感。活力中心通常集中了各种商业设施、服务机构、文化娱乐场所等，满足了人们的各种需求，如购物、用餐、娱乐等。同时，这些中心也提供了社交的场所，人们可以在这里结识新朋友、与老朋友相聚，参与各种社交活动。这种社交交往不仅满足了人们的社交需求，还促进了社区凝聚力和社会联系的形成。除了商业和社交功能，活力中心还具有重要的文化和历史意义。它们往往承载着城市的历史记忆和文化传统，成为人们情感认同的重要场所。本书研究中建构"立体"的多层级空间网络，综合不同尺度的空间层级，它们之间彼此协同，并在城市空间形态上彼此相互联系。

因此以线段分析为基础，采用选择度范围为0.5千米、1千米和5千米，作为辅助判断大都市级、区块级和小区级道路的因素，结合业态规模及聚集特征，对澳门历史城区及周边区域进行实测调研，本书将历史城区的生活空间分为三个层级：一是城市层级大型商业中心，具体包括大型购物中心、影剧院、文化；二是区块层级，具体包括街市；三是小区层级，具体包括与生活空间紧密相关的日常小商业。研究将通过结合时代背景，分析城市扩张的标志，对于多层级商业形成活力中心的全局诱因、具体的业态繁荣时间、原因、状态、与人口发展等数据进行分析，反映了与居民生活活力中心紧密相关的联系。比对史料文献，发现促成其转变的社会、经济、文化下的驱动关系，如表5-1所示。

表 5-1 澳门半岛发展的四个历史阶段

	城市级层级	区块层级	小区级	相关年份人口
葡城时期	1. 龙松庙商业中心 2. 圣母玫瑰堂 3. 水坑尾商业中心	1. 最早营地街市 2. 中央大街商业区	1. 16 世纪最早的商业区 2. 16 世纪后期至 19 世纪的内港商业区 3. 18 世纪中开始的中央大街商业区	1. 中心结构与服务人口形成的相对关系
澳城时期	1. 营地大街、填海工程 2. 十月初五日街活力中心一直延续到 20 世纪 3. 1863 年葡萄牙人向北扩张，华葡分治被打破，华商崛起	1. 新街市 1884 卖鲜鱼公局街市 2. 沙栏仔街市—撤销—公局街市 3. 板樟庙街市—米糙街市—新村街市—沙梨头街市	1. 澳门半岛扩张时期—殖民时期—南北城墙被拆—居民区扩大 2. 传统市民多以捕鱼为业，街市及流动摊贩皆为市民日常服务相关	1. 填海工程、道路扩张，扩建新城 2. 街市成为扩张的标志，与人口的发展一致
扩张时期	1. 新马路—填海海港运输—带来高端商业 2. 龙嵩街—顺风堂街—欧洲居民服务中心 3. 内港—小商业、手工业、服务业聚集 4. 下环街、河边新街—华人商业中心（小手工作坊为主）	路扩张，扩建新城—市政市集—街市成为扩张的标志 1. 中央街市 2. 雀仔园街市 3. 下环街市 4. 红街市 1962（3 层）又称"提督街市" 5. 1931 台山街市 6. 1994 祐汉街市 7. 水上街市 8. 凼仔街市	20 世纪 70～90 年代，解决了澳门大量涌入的外来人口就业问题，小商业的黄金时代	人口分布也反映出当时的一些居民生活的社会背景
转型时期	1. 关闸 2. 高士德区新的商业中心、三盏灯 3. 新马路—历史城区大三巴 4. 下环区	目前活跃的街市 1. 祐汉街市 2. 台山街市 3. 义字街市 4. 水上街市 5. 雀仔园街市 6. 营地街市 7. 下环街市	结合时代背景，内地的全面开放，原材料、土地使用、劳动力、设施投入都较低，增强了对于港澳的竞争力	1. 历史城区仍旧是人口密度较高的区域 2. 传统手工业的兴衰也反映了和居民生活活动中心紧密相关的变化

资料来源：本研究汇整。

一、城市层级——大尺度的商圈中心

1. 空间形态与活力迁移的关联

通过对澳门历史城区的空间结构（全局整合度）与用地功能布局的分析，我们能够看出商业设施占据最好地段且交通优势最大的街道（新马路为代表性街道），由于占据了地理位置及交通便利的优势，从而达到吸引人流的效果，从微观层面来看，以空间整合度的核心汇聚，随着街道达到目标的难易程度而向周围变化，如图 5-1 所示。

另外，零售业的业态分布与城市各要素在空间之中的分布和组合状态变化有关。旅游型商业分布与城市的局部的分布和状态（较小网络半径）密切关联，也与历史城区的自身结构密切相关，而城市全局结构（半径 n 整合度）更多影响着普通零售商业的分布，如图 5-2 所示。从人群的分布的突出角度看，这种关系表明两种不同的业务如何根据自己的服务方式通过独特的规模吸引特定人群聚集在城市的特定区域，进而逐步出现了历史城区的生活空间结构的变化和中心活力点的迁移。从龙嵩街—十月初五马路—大三巴—高士德的迁移轨迹，逐步反映出历史城区的新城之间的"城中之城"的现象：历史城区的生活空间在逐步萎缩，相关的小商业业态也面临式微的窘境，开始被旅游商业侵蚀并占据越来越多的区域，历史城区生活空间面临挤压，城区内居民原有的生活环境受到干扰，加上居住环境改善受到历史城区空间限制的制约，不能满足现代生活的需求，有的开始逐步迁移到新城区居住。但是由于对历史街区的深厚情感，仍旧有相当一部分老居民选择继续居住在历史城区内部。旅游业的开发，带来街区店铺租金的变化，直接让部分和生活空间紧密相连的小商业承载不了经济、成本压力，店铺搬迁到有些因为没有下一代愿意继承这个产业而面临的店铺和产业消失。

对城市用地演变的推动作用的空间句法的"运动经济学"原理中所表明的不同功能的聚集和分布清晰。由于旅游业在现代产业中的比重不断提升，在金钱收益的驱使下，各种旅游贸易与服务配套需求量日益增长，使得历史城区的大量民居被改造，它们依据各自对可达性的需求程度先后占据历史城

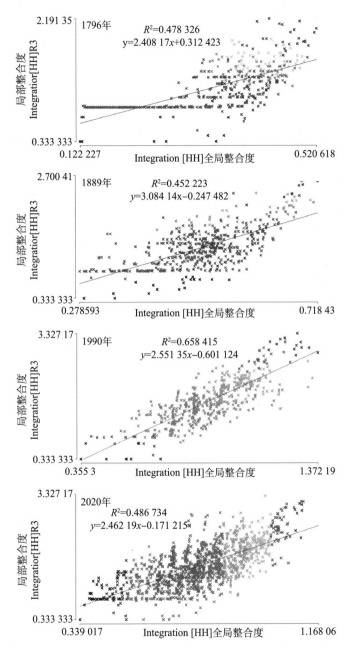

图 5 - 1   1796 ~ 2020 年澳门历史城区生活空间结构协同度散点图
资料来源：本研究绘制。

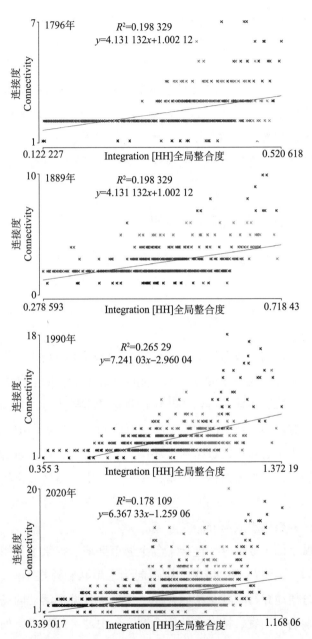

图 5 - 2 1796～2020 年澳门历史城区生活空间可理解度散点图

资料来源：本研究绘制。

区的有利位置，相同业态，大规模、产业链成为商家在商业竞争中最有利的优势[1]。例如，澳门知名饼店矩记，因为营销到位，成功占领了以游客为主的市场，而原来存驻于历史街区生活空间的各色小店，逐渐成为城市空间网络的衬托，究其原因是由于缺乏实力和竞争优势，从而不断被排挤并退入街区内部，甚至经营利润微薄，变得难以为继。但是往往就是这些平常的小店，承载了历史城区内部居民对于往昔的怀念，延续了上一辈的故事，值得去挖掘、保留和传递。这样富有风土人情的生活空间是原汁原味的历史城区风貌韵味。

2. 城市层级大型商圈的分布研究

城市层级的大型商圈产生消费空间及人流活动、社会聚集，他们是形成城市活力中心向外扩张和向内重组优化的重要动因。纵观城市的发展过程，从城市建设关系到城市空间的发展演变可以看出，城市的整体发展与生活空间两者息息相关。

在城市建设最初，澳门历史城区深受中世纪天主教城市的影响，街道呈网络状分布，城市空间形成有机状态、充满生活活力。街巷作为日常生活空间的重要载体，成为主体城市构架与城市骨架的重要支点。它们不仅成为历史城区生活稳定的不可或缺的物质基础，而且坚实地支撑了历史城区的发展。早期城市的活力中心包括宗教生活中心围绕教堂展开，作为防御和行政为中心的炮台和城堡，更加普遍存在的是市民的生活中心城区和市场。作为城市生活的重要脉络，"街道—街市"与"交通网络—城市活动中心"成为澳门历史城区发展的核心组成部分。

街道是城市的主要血脉，连接了各个城市区域，提供了人们行走、交通和活动的空间。在澳门历史城区，街道起到了串联和连接不同区域的作用，使人们能够方便地穿行于各个街区之间。街道也是城市活动的场所，人们可以在街道上购物、用餐、社交和休闲。澳门历史城区的街道，如新马路、十月初五街等，成为了繁华的商业街和人流聚集的地方，充满了活力和生机。

交通网络则是支撑城市活动中心的重要基础设施。澳门历史城区的交通

---

① 杨滔. 基于大数据的北京空间构成与功能区位研究 [J]. 城市规划, 2018, 42 (9): 11.

网络包括道路、桥梁、隧道和公共交通系统等，它们连接了城市的各个部分，使人们能够便捷地到达目的地。交通网络的发展对于城市活动中心的形成和运作至关重要。在澳门历史城区的发展中，交通网络的改善和扩展，如新马路的开辟、填海工程的进行等，促进了城市的交通流动和商贸活动的发展。街道和交通网络的结合，形成了澳门历史城区的核心组成部分，为城市的发展和居民的生活提供了便利和机会。它们不仅仅是城市的基础设施，更是城市文化和活力的体现。通过街道和交通网络，人们可以在城市中自由流动、交流和参与各种活动，推动了城市的繁荣和进步。

当前的大多数研究都是以切片式的空间模式来分析具体城市和时间段的数据，量化研究这些功能分布的数据变化则偏少。通过对功能分布数据的定量分析，可以揭示出城市不同功能区域的变化趋势、空间关联性以及与其他因素之间的关系。这有助于深入理解城市的发展过程、优化城市规划和管理，并为城市的可持续发展提供科学的依据。

根据城市发展 3~5 年一个阶段内会产生比较明显的变化，因此本书选择了 2014 年、2018 年和 2020 年三个时间节点进行研究。2014 年和 2020 年澳门历史城区生活空间的业态分布的资料收集来源于两个方面：一个是实测调研，对于 2020 年的生活业态根据空间句法规律，选定了 320 个测点，基于这些测点，对于澳门半岛历史城区及周边相关生活空间的区域，进行了人流、车流等交通流量的实测以及店铺位置、面宽和类型的实测。并且在实测的过程中，进行了深入细致的采访调研。2018 年的资料则来源于高德版 POI 数据，2014 年则是根据百度时光机，对于街区的业态分布，进行了数量的汇总和分布位置的绘制。

根据城市层级的尺度分析：澳门历史城区范围内 2014 年和 2020 年的商业功能分布数量及活力中心的分布。活力中心通常具有多样化的商品种类和丰富的业态，涵盖零售、餐饮、娱乐等领域。商业区的规模和业态多样性反映了一个地区商业活力的程度。城市级活力中心的判断标准：可以从出售商品的类别和业态占地规模，以及到达目的地的活动半径，反映在交通出行方式上，以出租车、公交车为主。活力中心的活动半径较大，意味着人们愿意花费时间和金钱来到达该地区。在城市的活力中心，出租车通常可以很容易地找到客流量较大的区域，促进了城市的经济发展和社会交流。出租车和公交车通常是城市中主要的交通工具，它们能够提供便利的公共交通服务，方便人们到达活力中心。

2014～2020年主要的空间结构变化则体现为新马路的贯通和内港的扩展。新马路作为一条贯穿东西的全新轴线，不仅催生了新的出行模式，还显著提升了空间利用效率。其直接影响深远，不仅在未来强化了营地大街与下环（两者均为关键道路交会点）的地位，更将原本次级中心如大三巴、三盏灯、黑沙环等地带，在现代化城市发展的浪潮中，推向了前所未有的中心性高度，实现了这些区域中心性的显著提升与持续增强。但由于其切割效应也导致了龙嵩街一带的萧条，削弱的交通联系被内港一带的巴素打尔古街、火船头街、河边新街的延续弥补，保持了相对的稳定性。

结合已有的全局整合度与局部整合度参数的可视化分析进行比较，发现局部范围街道肌理规整，说明在某些地区井井有条的街道通常会吸引更多贸易往来。相比之下，反映城市等级空间联系的10千米参数的影响要显著小于本地等级参数的影响，并且其影响逐年减小。交通节点的区域往往能够吸引更多的贸易功能于此驻扎。而与之相比，反映城市层级空间联系的10千米参数的影响则明显比局域层级参数小，且其影响每一年都在降低，如图5－3所示。

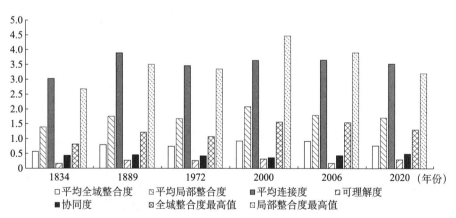

图5－3 1834～2020年空间句法全局整合度、局部整合度等参数值比较
资料来源：本研究绘制。

另外，与标准角度选择性参数的峰值相比，该相关性在2020年显著增加。这表明，不同案例区的活力比过去更加由空间联系最好的某条街道所决定，而不是整个片区。总的来说，城市层级与地方层级之间的空间关系会影响功能聚集密度。过去，澳门历史城区不同中心之间的联系非常重要。但是，随着越来越多的道路网络设计满足汽车的需求，城市一级的道路网络越来越连通，黑沙环新区周围的区域趋向于呈网格状，这使得连通性差异有所不同，使得不同的中心区在城市尺度范围的连接性差异慢慢地被平均化，导致其影响下降。

3. 澳门历史城区生活空间业态句法分析

研究中发现，城市层级空间参数影响提升与此前研究发现大部分新增商铺大都出现在大马路与街巷连接处，甚至街巷内部并不矛盾。城市水平的空间参数（5～10千米标准角度整合）不仅等于机动车辆的可及性，它还捕获了大规模运动潜入地块内部的潜力。通过 POI 数据分析结合之前的 2020 年澳门半岛生活空间全局整合度活力中心区域的分析，发现汽车维修、港口、体育休闲等城市层级活力中心的区域和空间句法全局整合度的分布基本一致。

二、区块层级——中尺度的市井街市

区块级的街市，在澳门历史城区作为中尺度的层级出现，正如村落中日常集市的消失是由于现代交通和尺度重新组合，体现了城镇中级市场的作用。

中国传统城市的市民生活是丰富多彩的，充满人情味与人性化的，传统的街道与街市密不可分。而现如今，街道是作为商业生活空间的载体，特别是一些早市、夜市、自由集市，分布于老城区的街道及巷子里，而其服务人群一般以周边的居民、商贩为主，满足了他们的日常生活需求。街道既是载体，有具体的功能，也是一种文化和价值的体现。

1. 中心地模型与街市分布

《周易·系辞》记载"日中为市，致天下之民，聚会天下货物。交易而退，各得其所"。市即集市，承担交易的职能。井边由于水资源的原因，是居住与活动的最佳场所，因此，井水资源的周围往往成为人们安居乐业的地方，城市街道也作为居民生活的配套而存在。《史记·平准书》注"古未有市，若朝聚井汲，便将货物于井边货卖，故曰市井"，所以市井也就是指市民的生活状态、生活方式以及生活环境。

市井含义有"街市、市场"之意，自然风俗生活化、自然化、无序化说的便是市井文化，它是指产生并分布于城市街区的市民文化，有着商业倾向、贴近生活、富含变化又杂乱无章，是一种"现象流"——"逝者如斯乎，不舍昼夜"。能够对城镇原住居民的真实日常生活方式、市民心态和生活状态的真实反映也就是市井，其表现出的喜怒哀乐是浮于表面的。

澳门"街市"也被称为"墟市"，延续了传统的市场形式，一般售卖海鲜、干货、鱼肉、家禽、蔬菜，还有烧腊等特色熟食。规模较大的街市还附带经营餐饮、杂货、服装等商业，有的延续到晚上，形成夜市，结合周边的茶楼，楼下为街市，楼上为戏院，这种围绕街市形成的附带功能，形成了活跃而充满生活气息的空间，成为生活空间的小区级活动中心。澳门历史城区生活空间的重要组成部分就有街市，市民每一天的生活是从"柴米油盐酱醋茶"开始的。

自明朝中期葡萄牙人开始居住在澳门以来，街市就开始上演了许多令人回味无穷的故事。可以从澳门街市的变迁脉络中，展示出澳门城市的发展史、生活史，体现了既往的历史城区生活活力中心，也是中葡文化下，文化拼贴叠置的空间意象。根据叶农《澳门街市》（2016）一书的史籍资料，列出了澳门共有九个主要街市：营地街市、雀仔园街市、下环街市、红街市、台山街市、祐汉街市、水上街市、氹仔街市、路环街市。随着城市化进程的发展，在现代化的变迁中，一些街市随着社会变化而消失、扩建、迁址或被取代，分别是：泗孟街市、青州街市、南京街市、（水上街市前身）、海镜街市（下环街市前身）、娱乐街市、祐汉街市、沙岗街市。随着路环和氹仔的填海新建开发，人口的激增，在城市生活的需求下，陆续兴建了新的街市。至目前为止，澳门的九个街市均由澳门民政总署所管理的分别是：红街市、台山街市、祐汉街市、营地街市、雀仔园街市、下环街市、水上街市、氹仔街市、路环街市。

营地大街街市形成于澳门葡城区的西部，市场的范围是由营地大街以西至内港海边的区域内，分工明确且独具特色。营地大街的葡语意为"商人街"。那个地区叫 Bazar（阿拉伯语为"集市"），汉语将它翻译为营地大街或营地街市。即"澳门街"或"澳门街市"。据文献《澳门专档》《澳门记略》《澳门掌故》《澳门百科全书》等统计，大市场1751年之前的所在地最初是清政府的营地。由于第三街区和营地是商船停泊及货物着陆的海关门户，因此，中国商人、葡萄牙士兵和平民的日常业务都集中在这里，如图5-4、图5-5所示。

图5-4 16世纪末的澳门

注：这是欧洲最早的关于澳门的城市瞰图之一，这幅画用布鲁格尔的绘画艺术反映了这座城市的日常生活，描绘了各种典型人物，如骑着马的贵族、抬着轿子及给主人撑阳伞的侍者、身披莎拉纱一种棉布制作的披肩的贵妇人和农工。图中可看到在内港摆摊的人。

资料来源：[葡] 施白蒂. 澳门编年史 [M]. 小雨，译. 澳门：澳门基金会，1995：249.

图5-5 营地大街市集区局部放大图

注：十字架的旁边有一个卖肉摊贩。

资料来源：[葡] 施白蒂. 澳门编年史 [M]. 小雨，译. 澳门：澳门基金会，1995：249.

特别是在营地，这里已成为小贩买卖的聚集地。为了规范各种销售活动，1785年，澳门市政局申请向香山县县长在该营地建立市场，该市场由理事会资助。1789年，市政厅开始建立营地市场，在1792年澳门地图中已标有"The Bazaror Market Place"（巴扎罗市场）。

在大市场兴建以前，板樟堂到议事亭前地一带的广场可能是澳门最早的市场，但相比大市场，议事亭前地的空间较小。军营用地改为新的大市场后，为集贸市场提供了一个大型集中交易场所，该区域靠近华人商业区，消除了军营对中国商业街和主要街道的障碍葡萄牙城市。其中，军营墟市的转型对于市场区域的商业发展具有里程碑式的意义。

在澳门历史城区生活空间的发展历程中，随着人口的增多，历史城区的发展，涌现了许多大大小小的街市，在城市化进程中，有些扩建、变迁、甚至消失或被现代化街市所取代。如南京街市就是后来的水上街市，海镜街市成为之后的下环街市。由于黑沙环新填海区、青洲和新口岸人口数量快速增长，政府在以上地段兴建街市。

根据1983年和2008年的地图功能分区，可以看到街市在历史城区整个分布、变迁的状况，可以看出，结合1962年的城市分区的地图，街市主要分布在商业区，这和当时的经济活力中心点是比较吻合的。而在2008年的功能分区图中，可以看到，随着商住用地的增加，街市的分布更加均衡，接近中心地模型所呈现出的状态。

总体来看，街市的不均衡布局主要是基于当时居民的社会经济状况，街市主要消费群体是中等收入的居民。在低收入区域，出现市场真空的情况，而在葡萄牙人聚集的高端富人区，则被更高级别的经济形势取代。因此，在南湾、西湾这些差异分化的地方，没有街市的存在。根据居民社会属性的统计指标分析经济发展的方法在中心地理论研究中比较常见，也因此对各个阶层的经济活动空间分布规律做出了一种比较合理的解释。

康公庙位于泗孟街的中段，又名十月初五日街。20世纪初，康公庙前地就位于沙梨头和白鸽巢山以南的内陆河沙滩上。河流沉积物的沉积和河堤的建设逐渐形成了带有码头的中国集市广场。该地区人口稠密，有各种工业和商业活动，住宅、食品和饮料商店以及仓库混杂在一起。值得一提的是，康公庙坐落在繁华的传统地方商业区，在康公庙每年会举行元宵节、农历七月初七等活动，如图5-6所示。

这座庙宇前面的市场已有100多年的历史，是当地市场上唯一遗存的庙前市集，而早先妈阁庙、凼仔天后庙前的市集早已经荡然无存。

以下根据现有街市的占地面积、所在区位、成立时间、经营种类、空间结构等进行归纳和梳理。以此来分析街市作为区块层级活力中心的载体，它

图 5 - 6　康公庙市集

注：图为法国摄影师于勒·埃及尔拍摄的 19 世纪末的康公庙市集。

资料来源：郑剑艺. 澳门内港城市形态演变研究［D］. 广州：华南理工大学，2017.

所包含的社会功能及专门化角色，以及呈现出的空间层级多样性。城市的多样性越强，城市活力指数越高。

（1）红街市。

澳门红街市（Red Market）是澳门半岛上著名的传统市场之一。它位于澳门半岛的西北部，距离威尼斯人澳门和大三巴等旅游景点不远。作为澳门最古老的市场之一，得名于其独特的红色建筑外墙。这个市场建于 1936 年，是当时澳门主要的食品市场，为当地居民提供新鲜蔬菜、水果、肉类、海鲜等各种食材。红街市内设有许多摊位和小店铺，出售各种食品和日常用品。你可以在这里找到新鲜的水果蔬菜、海鲜、肉类、干货、豆制品等。此外，市场内还有一些小餐馆和小吃摊位，供人们品尝当地特色美食，如烧鸭、猪扒包、葡式蛋挞等。除了食品和日常用品，红街市也是一个购物的好地方，你可以在这里找到一些本地的手工艺品、纪念品和小商品。市场内人流熙熙攘攘，充满活力，是体验澳门本土文化和生活的好去处。它也是摄影爱好者喜欢的地方，因为这里有许多具有独特风格的建筑和街景。

（2）台山街市。

台山街市，全称为"台山街市市政综合大楼"（葡萄牙语：Complexo Municipal do Mercado de Tamagini Barbosa），台山街市所在之处，系新填海区，在澳门半岛北部，位于何贤绅士大马路以南，青洲大马路以北，巴波沙大马路以西。这里原为澳门一湾浅海，是莲花茎西侧之海滩。清末民初，澳门农林署雇请数千民工在此围海造田，围出棋盘格模样的埤塘（就是池塘）和农田，任由农民在此养种，但不许搭寮建屋。埤塘低浅，埤田高凸，如一台一台丘壑，故时人称为"台山"。台山街市是一个综合型街市大楼。它的前身是台山地区的临时街市，后来经过规划和建设，成为澳门现代化的市政综合设施。台山街市的历史可以追溯到 20 世纪。最初，它是为了满足台山地区临时居民的需求而建立的。然而，随着时间的推移和城市发展的需要，澳门民政总署于 2003 年决定在旧街市旁兴建新的市场大楼。于是，在 2004 年 2 月 6 日，台山街市综合大楼的动工仪式举行，标志着新街市的建设开始。

台山街市综合大楼占地面积广阔，由两层主楼和一层副楼组成，呈"T"型排列，总建筑面积为 1 749 平方米。主楼设有八个出入口，其中面向青洲大马路和台山中街的出入口还设有公厕。大楼的地下一层是街市摊位和小贩区，提供丰富多样的商品和服务。在这里，人们可以购买新鲜的农产品、海鲜、肉类、蔬菜、水果以及各种日常生活用品。除了商品销售，台山街市综合大楼一楼还设有一个社区活动中心，为市民提供各种文化、娱乐和体育活动场所。社区活动中心内设有阅览室、资讯室、乒乓球室、康乐室和多功能综合活动室等设施，为市民提供学习、娱乐和交流的场所。大楼副楼的顶层是一个花园平台，面积达 679 平方米。这个平台设有休憩设施、儿童游乐区、凉亭和按摩径等休闲设施，供市民和游客休息和娱乐。在这里，人们可以欣赏到澳门半岛北部的美景，放松身心，享受宁静的时光。台山街市综合大楼的建成，不仅为台山地区的市民提供了便利，也成为澳门的一个重要地标和旅游景点。每天，许多人慕名而来，前来购物、品尝美食、参加活动或仅仅感受这个地方的独特氛围。台山街市综合大楼不仅是一个购物和休闲场所，也是社交和文化交流的重要场所。市民和游客们可以在这里相互交流、分享经验和故事，感受到澳门的热情和多元文化。它不仅满足了台山地区居民的日常需求，也成为了一个重要的旅游景点和文化交流场所。无论是购物、品尝美食还是参加各种社区活动，台山街市综合大楼都是澳门市民和游客们的热门去处。

（3）祐汉街市。

祐汉街市市政综合大楼（Mercado Municipal do Bairro Iao Hon）俗称"祐汉街市"，位于澳门北区市场街，其现在所处的位置是原澳门半岛北部黑沙环跑马场的组成部分。祐汉街市于 1994 年 1 月 28 日建成，占地面积约 1 万平方米。祐汉街市是一座集街市、固定小贩区、市政公园、体育场、停车场及社区活动中心于一体的综合设施。在早期，澳门的街市因提供街市与熟食服务，因此多以"街市"命名。祐汉街市市政综合大楼的落成，改变了旧有街市的运作模式，为附近居民提供了各项现代化的服务。

祐汉街市大楼高四层并设置一个副楼，街市建筑外立面以红色为主，是典型的正方形建筑。街市共四层，地面层主要售卖鲜花、杂货与鱼类，一层主要售卖蔬菜，二层售卖肉类，三层为祐汉社区活动中心，并在社区活动中心设置图书馆与自修室，方便学生及附近居民学习。天台为篮球场与羽毛球场。祐汉街市大楼在建筑物内四角设置楼梯通道，另有三部电梯。街市外围设置小贩摊档，售卖日用百货及衣物等居家商品。祐汉小贩大楼位于祐汉街市大楼的东侧，祐汉小贩大楼是将原小贩区建筑全部拆卸新建的一个五层高的小贩大楼，大楼于 2008 年动工，2012 年建成启用。祐汉小贩大楼共五层，地下层为成衣小贩区、一楼为市政署食品资讯站、二楼与三楼为街市熟食中心、四楼为市政署公民教育资源中心。两座大楼之间，还可以通过二三楼之间的架空楼梯与大楼地面中央的通道相连，方便居民买菜。

祐汉街市在人们日常生活中扮演着重要的角色，展现了澳门的独特市井气息，透过街市看到当地人最真实的生活状态。祐汉街市虽说不上历史悠久，但对北区居民来说充满亲切感，承载着一代人的味蕾和生活回忆。祐汉小贩大楼的熟食中心是当地居民和游客品尝澳门传统美食的好去处。昔日的祐汉街市熟食中心环境稍显杂乱，但味道"地道"，是不少街坊的平民食堂，是一个充满人情味的熟食中心。后熟食中心由祐汉街市搬到新建的祐汉小贩大楼，在现在的熟食中心仍可以品尝到各种澳门特色美食，如葡式蛋挞、猪扒包等，味道非常地道，吸引了众多游客前来游玩品尝。

（4）营地街市。

营地街市对于研究澳门地区街市历史与文脉具有十分重要的价值。营地大街是澳门最早的街市。1598 年前荷兰雕塑家及出版商特奥多雷·布利（Theodore de Bry）印刷的《澳门城市图》，呈现了澳门街市的早期情况。1607 年特雷多和雅各所绘出版的《东印度群岛图》中的澳门图，一些学者认为图中所绘的卖肉档摊位于北湾（档摊下方的海湾），是营地大街的街市。1787 年建成的墟亭市营地街市是澳门最早期的市集型街市，该街市作为市中心区，是当时的政、教、商的汇聚之地。19 世纪后期，墟亭式营地街市多次发生火灾，在 1904 年澳门议事公局决定对街市进行重建，此项目交给澳门建筑师卡苏索（CASSUSO）进行设计，当时的营地街市呈现欧洲式的外观。1949 年 3 月营地街市再次被拆除重建，并于翌年建成新的营地街市大楼，被称为"中央街市"。街市内设分区售卖，分为鱼类、肉类、蔬果、鸡鸭，以及乾货等，被视为"东南亚最现代化"的街市。1949～1996 年沿用的营地街市，街市外观竖向直线和矩形的体块，虽具有一定现代风格的特征，但其正门立面中央采用阶梯式逐层升高的设计，略带装饰艺术风格的影响。现今的营地街市是 1996 开始重建、1998 年正式建成启用的"营地街市市政综合大楼"。新建的营地街市作为现代主义建筑的设计，除作为功能性的建筑外，其历史价值与文化活力尚未受到人们的重视。澳门营地街市现为营地街市市政综合大楼，位于澳门特别行政区大堂区米糟巷。大楼东北方向长约 84 米，西南方向长约 19 米，占地面积约 1 596 平方米。澳门因用地紧张，需要在同一块土地上满足本澳居民的多重生活需求，因此，澳门的街市是包含多重功能的复合化空间，空间呈现"层层叠"的模式。营地街市的空间由菜市场、熟食中心和活动中心三部分构成。营地街市地下一层、一层、二层为小贩摊档，包括肉档、菜档、生果档等，三层为熟食中心，四层为当地居民的社区活动中心，主要满足居民的日常生活需求。

（5）雀仔园街市。

雀仔园坊（葡萄牙语：Bairro Horta da Mitra）位于澳门半岛中部、东望洋山南段以西，即今水坑尾街、岗陵街与东望洋新街之间，是一个依着山坡的街区，最高与最低点的海拔高度相差达 15 米。

雀仔园街市是澳门现存的旧式街市，亦是澳门现时最细的一个街市。据澳门遗产学会资料记载，街市于 1886 年 6 月已建成开市，该街市是第一代的市亭式建筑（模样与现时氹仔市相近似），当时的亭式街市共有 48 个摊位供承批租赁；在使用半个世纪后，因为需要符合现代的卫生和经营环境等需求，当时的议事公局于 1938 年向政府申请拆除旧市亭式街市，并重新建造一座新街市，以回应雀仔园区内民众生活需求。而街市由当时工务局公共工程主管拉菲尔（Rafael Gastão Bordalo Borges）和施约翰（João Canavarro Nolasco）工程师负责设计，获澳门政府批准议事公局的批地申请后，于 1939 年 5 月开展工程，并于 1940 年 6 月 4 日竣工开幕启用。该街市亦是唯一一个坐落于民居中心的街市。

街市为西式单层方形建筑，四角有入口，内设固定摊档，呈"回"字形分布。分别出售鱼类、肉类及瓜菜类。街市正门嵌有"1939"字样，是街市重建的年份。据说早在清朝光绪年间，这里已开设街市，分为两座，均为木质结构、红色瓦顶、坤甸梁架，以数条大圆柱作支撑，地面铺长形石板。昔日街市日间为集市，入夜后由江湖卖艺人就来此开档。由于街市日渐颓破，故于1939年拆除原来建筑，改建为今日面貌。

街市现时建筑建于1939年，由于内部排污渠网、散热通风、采光照明等设施老旧，虽然经过多次维修但无法解决老化状况，市政署表示有必要对街市进行全面整治，同时优化设备设施，改善街市营商环境，其后进行多次重整工程。

小贩区位于雀仔园街市周边，包括以食档和干货档为主。

（6）下环街市。

下环街市位于货仓街、李加禄街和下环街之间的扇形地带。2009年对其重建，现为下环市政街市（Mercado de S. Lourenco）。建筑占地面积约1 750平方米，有五层楼高。下环街市空间呈现"层层叠"的模式。从空间构成上，下环市政街市地下一层与地面层为街市，售卖鱼肉禽类、蔬菜和水果。二层为熟食中心，售卖一些糕点、牛杂等食档，不仅满足当地居民的需求，也吸引了大量的外来游客。三楼为下环图书馆。四楼为下环活动中心，顶层为天台花园。下环街市的主要目标群体是风顺堂区内的民居，包括下环区、南西湾、主教山区及司打口一带附近的居民。下环街市是澳门开发最早的地区之一，因此居民大多是老街坊和老商户，可通过步行达到街市，满足澳门居民的日常生活需求。

现在下环街市的所在地，曾经是一个名叫"新花园"的风景名胜区，已有百年历史。后来成为澳门土生富商李加禄（João Lecaroz）的产业。澳门政府于1919年对澳门新花园进行收购，用于市政公园的建设。澳门政府后又划出部分土地，或出卖，或建造仓库，此处原有园景之美消失，因而被人戏称为"烂花园"。

早期的下环街市设置在小贩街与下环街交界处。小贩在街道的两边进行摆摊，形成市集。后来因为政府的整顿，在该地兴建了一座两层楼高的建筑物。该建筑一层为街市，二层为海境戏院，故也称为"海境"街市。戏院一般在街市收档后才开场，不会影响街坊看戏。直至20世纪50年代，海境戏院关闭。海镜戏院停业后，由于原街市的地理位置特殊，市政厅再次选址

"新花园"地段，新建现代化街市。"新花园街市"由工程师奥雷利亚诺·乔治（Aureliano Jorge）进行设计。"新花园街市"造价澳门币 32 万元，由华人承建商瓦圣（Vá San）进行建造。新街市于 1954 年 8 月建成，并正式命名为"下环市政街市"。随着时间的流逝，街市内部出现配套设施老化等问题，其建筑结构也因老化和腐蚀等出现了一些建筑使用方面的问题。因此，下环街市于 2006 年 7 月 18 日傍晚正式关闭，原各市贩迁至附近临时街市继续营业。2009 年 11 月 26 日，下环市政街市正式落成启用。

（7）水上街市。

沙梨头街市（葡萄牙语：Mercado Municipal do Patane）位于澳门爹美刁施拿马路，因地处沙梨头区，故名；又因位于海边，建在水面上，也被称为"水上街市"。1975 年建成，1976 年 4 月启用。楼高两层，面积 1 750 平方米，可以容纳 300 多个摊档，售卖鱼类、肉类、瓜菜、生果及海味杂货等，地方整洁。2013 年因社区发展而清拆，临时迁往位于沙梨头海边大马路的临时沙梨头街市，新建筑更名为"沙梨头街市市政综合大楼"（Complexo Municipal do Mercado do Patane），于 2017 年底完成重建并于 2018 年 3 月 6 日重新启用。

它的前身为南京街市。其命名源自街市楼上的南京戏院，于 20 世纪初取代于 1884 年建成的十月初五街内的"泗孟街市"，至 20 世纪 50 年代改为"工人康乐馆"，其后更改为"康乐馆剧场"。1976 年，水上街市启用了取代南京街市，迁市的原因是人口增加，原街市不敷应用，以致许多摊档开到邻近街道上，影响卫生及交通。当局兴建沙梨头街市，使这些问题得到解决。

2014 年 10 月 31 日，民政总署计划将原水上街市重建，大楼楼高 13 层，街市空间由地面层至二楼，地面层主要售卖鱼类，一楼售卖肉类、蔬菜生果类及杂货等，同时预留一个平台作为日后连接林茂巷、沙梨头海边街行人天桥的接驳点，另外亦可作为日后与轻轨站的对接点，二楼则分设三鸟档及熟食区两个独立空间。三楼至七楼共 5 层为公众停车场，其中电单车位约 103 个、轻型汽车车位约 136 个。三楼及地面层设有供小型车辆上落货的区域。八楼为隔火层；九楼至十二楼为社区活动中心，其中九楼为多功能礼堂、会议室、报章杂志及图书阅览室等；十楼为儿童室内游戏区、上网区、电视室及自修室等；十一楼及十二楼为社区活动辅助活动场地，如培训课室等；天台部分为露天绿化休憩区。新沙梨头街市于 2018 年 3 月 6 日启用。2018 年 4 月 1 日，位于新大楼内的停车场正式对外开放，分别提供 116 个轻型汽车车位及 194 个重型和轻型摩托车车位，采取日夜间不同时段收费。2018 年 9 月 24 日，位于街市综合大楼九楼的沙梨头活动中心正式启用。首阶段开放大楼九楼全层，中心内设有开放式阅览区，提供即日报章及杂志供市民阅览，并设有电脑资讯区、自修区、棋类玩具及长者按摩设备供市民借用。此外，中心亦设有约 360 平方米的礼堂，供合资格的非牟利社团举办文化活动。

（8）路环街市。

路环街市位于澳门特别行政区的最南端，是目前澳门现存的九个街市之一，街市位于澳门路环田畔街以南，恩尼斯总统前地及竹湾马路以东，亦在路环旧城区——路环村的西南处，是路环岛上唯一的一座街市，始建于 1892 年，于 1893 年 3 月 5 日建成。而此街市，也由路环氹仔行政公局以"澳督"布渣之名，命名街市为"布参政街市"（Mercado Municipal Conselheiro Custódio de Borja）。就在整个澳门地区，除了布参政街市外，以布渣命名的街道还有青洲大马路/青洲新路（Avenida do Conselheiro Borja）、青洲街（Rua do Conselheiro Borja）、青洲新巷（Travessa do Conselheiro Borja）。由此可见，此街市的设立也从侧面反映了当时葡萄牙人在路环岛的扩张行动，其中包括开辟马路、填海筑堤、修设建筑等。

目前，越活跃的街市也越适宜为市民营造人性化生存空间，满足人们的生活需求功能及社会交往功能，如表 5 - 2 所示。澳门半岛历史上的街市情况如表 5 - 3 所示。

表 5 - 2　　　　　　　　　　澳门半岛目前活跃的街市情况

目前活跃的街市				
序号	年份	名称	街市描述	占地面积
1	1933	红街市	 位于罅些喇提督市东街、高士德大马路、罅些喇提督大马路（提督马路）、罅些喇提督市北街之间 备注：红街市大楼占地面积 880 平方米，钟楼式设计，分为三层，一二层宽敞，三层狭高如塔，衬托建筑宏伟壮阔	800 平方米

			目前活跃的街市	
序号	年份	名称	街市描述	占地面积
2	1917	台山街市	 位于青洲大马路青洲新路、苏沙医生街、台山中街之间 备注：现为台山街市市政综合大楼，该楼略呈曲尺形，长边楼长83 米，宽 13 米，总面积 3 520 平方米；短边楼长 51 米，宽 13 米，占地有 600 多平方米。街市只占地一层，较其他街市简陋，约 2/3 是卖湿货	600 平方米
3	1994	祐汉街市	 位于长寿大马路以东与"U"型的市场街之间 备注：祐汉街市与马场大马路南端相对，为祐汉市政综合体的组成部分之一。该综合体占地约 10 000 平方米。市场街"U"型处，建有弧形广场，里面设有舞台，可以用于演出活动，还有一些摊位设施，不时举行各种康乐文娱活动	10 000 平方米
4	1950	营地街市	 位于澳门半岛公局新市南街、公局新市西街、公局新市东街、米糙巷之间 备注：现为营地街市市政综合大楼，该楼东北方向长 84 米，西南方向长 19 米，占地面积有 1 596 平方米。现为一座连地下共 7 层的综合性街市，地下为停车场，一楼、二楼及三楼为小贩摊档，四楼为小区活动中心	3 500 平方米

续表

			目前活跃的街市	
序号	年份	名称	街市描述	占地面积
5	1939	雀仔园街市		615平方米
			位于公局市前地	
			备注：雀仔园街市所在的雀仔园是澳门最古老的居民区之一。西式单层方形建筑，四角有入口，内设固定摊位，呈回字形分布	
6	1952	下环街市		1 750平方米
			位于货仓街、李加禄街与下环街之间的扇形地带	
			备注：现为下环街市市政综合大楼，占地面积有 1 750 平方米，呈扇形，楼高五层	
7	1975	水上街市		1 750平方米
			位于沙梨头区，沙梨头海边街和施拿地马路交界对出的海面，华人称"水上街市"	
			备注：水上街市前身为南京街市，1975 年建成，1976 年 4 月启用。楼高两层，面积 1 750 平方米，容纳 300 多个摊档	

续表

			目前活跃的街市		
序号	年份	名称	街市描述		占地面积
8	1953	凼仔街市			506 平方米
			位于地堡街、消防局前地、水鸭街之间		
			备注：凼仔街市为一座两层高"U"形建筑物，占地面积有 506 平方米。中间为天井，内设数十个摊档，墙壁及间隔均镶嵌白瓷砖		
9	1974	路环街市			400 平方米
			位于田畔街以南，恩尼斯总统前地以东，竹湾马路以北。路环旧城区一路环在其西南面		
			备注：路环街市南北总长 27 米，东西总长 15 米，占地面积约 400 平方米。建筑结构与凼仔的嘉模墟相类似，是凉亭式建筑		

资料来源：本研究汇整。图片为本书编写团队实地拍摄。

表 5-3　　　　　　　　　　　澳门半岛历史上的街市情况

			历史上的街市	
序号	年份	名称	街市描述	
1	1934	泗孟街市		
			位于十月初五街水鸡巷口，有一座古老的门楼，门楼上镶嵌着拱形的铁架，顶部则塑有圆环，这就是昔日的泗孟街市	
			备注：泗孟街市据说以前很多小贩在街边摆摊，他们大多卖蔬菜、水果、生活用品为主，是澳门的繁荣街道之一	

续表

			历史上的街市	
序号	年份	名称	街市描述	
2	1989	青洲街市		
			青洲原为澳门半岛对出西北面的一小岛，青洲山海拔 57 米	
			备注：青洲街市是一个较小的市场，通常以其丰富的海鲜和新鲜农产品闻名	
3	1951	南京街市（水上街市前身）		
			工人康乐馆位于十月初五街街的尽头，建于 1905 年，大楼的地下是一个街市——南京街市	
			备注：南京街市一楼是一所影院，二楼则是一处进行文娱活动的场所，现为一座空置大楼	
4	1952	海镜街市（下环街市前身）		
			下环街市，原设在小贩街与下环街交界处	
			备注：海镜街市的雏形是小贩们在街边摆卖。后来，此处兴建了一座两层建筑物，底层为下环街市，楼上则开设海镜戏院，因此街市亦称"海镜街市"	

历史上的街市			
序号	年份	名称	街市描述
5	1957	祐汉街市	
			位于长寿大马路以东与"U"型的市场街之间
			备注：祐汉街市占地约 10 000 平方米，市场街"U"型处，建有弧形广场，里面设有舞台与马场大马路南端相对，为祐汉市政综合体的组成部分之一
6	1883	板障庙街市	
			圣道名圣母玫瑰堂于 1587 年，是澳门最古老的教堂之一。教士初来时，由于经费有限，只好用木简单架起板樟作室子，所以附近一区被称为板樟堂，在这一带有服务居民的鲜鱼档口
			备注：在板障庙街市摆卖鲜鱼是经澳门承充卖鱼人申请开办的

资料来源：本研究汇整。图片为本书编写团队实地拍摄。

2. 市井街市活力中心的空间逻辑

在城市规模尺度，贝里和加里森（Berry and Garrison，1958）的研究进一步证实了分层系统是真实存在的，即零售业集聚的中心结构与服务人口的形成之间的相对关系。德国地理学家克里斯塔勒首创了中心地理理论，德国经济学家廖士（1940）在此基础上进一步更新和发展。中心地理论建立于"理想地表"的形式上，在此假设条件下，中心地与每一个点的机会都是相同的，就相对通达性而言，其每一点与其它任一点与距离是成正比，而不管方向如何，均有一个统一的交通面，如图 5 - 7 所示。

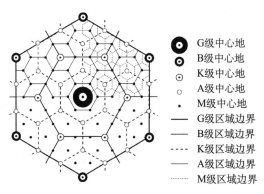

　G级中心地
　B级中心地
　K级中心地
　A级中心地
　M级中心地
──── G级区域边界
──── B级区域边界
----- K级区域边界
──── A级区域边界
········· M级区域边界

图 5 - 7　中心地理论结构示意
资料来源：陈上升. 基于中心地理论的中心村区位选择与优化 [D]. 郑州：河南大学，2013.

中心职能（central place function）是指中心地向周边一定范围内的居民供给货物和提供服务，当货物和服务出现等级时，就会产生不同高低级别的中心地，同时对不同的级别提供不同的货物和服务。

通过对于街市分布位置、周边居民人口数量以及街市本身规模等数据，详细的澳门历史城区各堂区人口资料如附录 4 所示。在此基础上，验证了"生产者和消费者都属于经济行为合理的人的概念"的新古典经济学的假设条件。这一概念表示之所以生产者之间的间隔距离尽量扩大，是因为生产者为了寻求掌握最大可能的市场区，获取最大利润；而消费者也都主动选择地到最近的中心地购买货物或取得服务，其目的是最大限度节省旅行费用。历史上活跃的街市受到当时交通出行方式的影响，适合于 200 米半径的中心地空间分布规律来体现其稳定性，更加适合步行出行。历史上的街市所在的位置更加密集和靠近内港这一历史活力中心。而目前的活跃的街市所形成的中心活力点形成的结构网络，已经扩增到 400 米半径的范围，是更大尺度的连接方式，也更加吻合现今的城市生活空间以公交车、汽车等方式到达的服务半径及中心间距现况。并且呈现出多中心、相对均匀分布，可以满足一定区域内的人口生活需求。

这种多中心的布局有助于分散人口和资源，减少城市交通拥堵和过度集中的问题。人们可以更方便地到达附近的活力中心，满足日常的购物、餐饮、娱乐等需求。同时，多中心的分布也有助于提升城市的韧性和可持续性，使城市更加具有活力和吸引力①。在这种结构网络中，不同的活力中心可以互相补充和协作，形成城市的整体繁荣。每个活力中心都有其独特的特点和特色，能够满足不同人群的需求，创造多样化的城市体验。这种多中心的布局也为城市的发展提供了更大的灵活性和可持续性，能够更好地适应未来的城市增长和变化。

总之，形成多中心、相对均匀分布的中心活力点结构网络，能够满足城市居民在较小范围内的生活需求，并与现代城市的交通和生活方式相适应。这种布局有助于提升城市的活力、韧性和可持续性，为居民创造更好的生活环境。

三、小区层级——小尺度的小区商业

1. 小商业活力中心的调查研究

在本研究范围内，以小区级活力中心为标准：研究区域内，某一条街达到了汇聚了 10 个以上的小区级商业，便判断为小区级的活力中心。筛选这些小区级商业的标准为：粮油店、生鲜店、街市（不超过 5 个摊位）杂货店、理发店、地产中介、海味店。我们于 2020 年实地调研了澳门历史城区及周边缓冲区内所有街道内的业态分布。需要说明的是，不包括对封闭式管理的小区及学校内部的小型商业的调研。

在整个历史城区中，2014 年共有 36 个小商业活力中心，2020 年共有 63 个小商业活力中心，整体呈明显上升趋势。从北区往南，2014 年的活力中心多分布于历史城区葡城时期的骨架，跟随直街的脉络扩展，2020 年扩展到南湾湖和下环街区一带。这与之前预想的小区级活力中心偏重新马路以北并不完全符合，也从侧面支持了生活空间中小区层级的活力中心的位置受街区路网的空间形态影响比重较高，如图 5-8 所示。

街区作为研究的基本单元，如何划分尤为重要。依据层级运动网络理论，

---

① Berry B J L. The impact of expanding metropolitan communities upon the central place hierarchy [J]. Annals of the Association of American Geographers, 1960, 50 (2): 112-116.

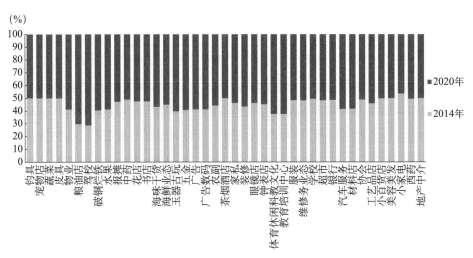

图 5 – 8 2014 ~ 2020 年生活空间店铺类型增长分布
资料来源：本研究调研数据。

主要以真实的交通网络，用空间句法数据计算辅助的形式，来划分街区界定。根据之前划分的道路等级结合公交车路线密度来作为街区划分的标准，基本原则为依据 4 车道的城区道路和通行 2 条公交线路的道路来划分街区。

外部空间条件通过单元街区在全局性的城市交通体系中显示出的不同交通系统的连接性来体现，体现出的是道路等级和公交系统对于街区单元个体的影响。通过将澳门历史城区研究范围分为 6 个部分，调研交通流量数据包括 2019 年冬季在澳门历史城区的 300 个街道截面，通过手机视频记录了在工作日和周末的一天中的四个时段中的步行、摩托车和机动车辆的流量这样的调研方式。将平日各测点的流量值取对数正态化分布后与 1 ~ 30 千米共 11 个半径的标准化选择度（log_ Choice）、整合度（Integration）、标准化角度选择度（NACH）和标准化角度整合度（NAIN）四类空间参数逐一进行一元回归分析。

街道流量截面分析方法是空间句法常规实证研究内容。① 观察图中三个

---

① 截面流量是空间句法基础实证研究中的基础，空间的拓扑形态结构最直接的影响便是对交通流量的分配作用，而对功能的影响则是通过流量来完成，而街道空间连接的形态关系又是流量的基础。分析实测截面流量的目的也是确定一个城市区域中流量与空间句法计算的连通性参数之间到底有多大相关性，而又是在何半径与哪种参数或参数组合最为相关。进而，这种关系也可以应用于预测当道路结构变化后，新方案的流量分布状况，而这一切也是最终评测功能等级及分布的基础（盛强，2017）。

中心层级的步行与机动车流量分布，内港的差异最明显，步行流量最高的是大三巴街和营地大街、关前后街，两条街道者均为分段禁行机动车的步行商业街。下环和黑沙环的步行和机动车流量分布则非常相似，显示了各空间参数对各中心内道路截面实测流量的决定系数，具体来看，对步行流量的分析整合度系参数（整合度和标准化角度整合度）略好于选择度系参数（选择度对数和标准化角度选择度），峰值出现的半径为内港在 1.5 千米，营地大街在 0.5 千米，大三巴在 5 千米，三盏灯 2 千米。车辆使用分析的集成度系统的参数有时在小半径内具有峰值，但不稳定。所选度数系统的参数显示出从小半径到大半径稳定增加的趋势，在 7.5～15 千米处形成一个平缓的峰值。该结果更符合机动车行驶的一般规律。根据实测数据，可以采用合适的空间参数和回归方程定量评价各中心主要道路结构变化对不同年份交通的影响，对本研究具有直接意义。

通过采集和分析实测数据，可以获取不同年份中心道路的特征和交通流量等信息。然后，可以结合适当的空间参数和回归方程来建立模型，评估中心道路结构变化对交通的影响程度。这些参数和方程可以考虑道路宽度、道路通行能力、交通流速等因素，以定量的方式衡量中心道路结构变化对交通流量、拥堵情况等的影响。这种定量评价方法可以帮助研究者更深入地了解中心活力和交通之间的相互关系，并为城市规划和交通管理提供科学依据。通过分析不同年份的数据，可以识别中心活力点的发展趋势和交通瓶颈，为改善城市交通情况和提升活力中心的功能性提供参考。同时，这种定量评价方法还可以用于预测未来中心道路结构变化对交通的影响，为长期城市规划和交通规划提供决策支持。

总的来说，利用实测数据、合适的空间参数和回归方程进行定量评价，可以深入分析中心道路结构变化对交通的影响，并为城市规划和交通管理提供科学依据。这种方法对于研究中心活力与交通关系的直接意义十分重要，并可以为城市的可持续发展和交通改善提供有益的建议与决策支持。

2. 四个典型区域的量化比较

研究结合澳门半岛生活空间熟知的地名区域及实际活力中心分布，选取四个活力中心区（大三巴、内港、下环区、高士德区域）内的代表性街道，采用空间句法进行量化分析，研究商业分布和局域层级网络规律。

其一是大三巴区域，主要选取了新马路、板樟堂街、高园街为代表。1918年新马路拉直了原来曲折的街巷，因为历史街区成为世界遗产，大三巴、营地大街改造为步行街，在限定时间段内阻断了机动车交通。新马路成为机动车进入大三巴和营地大街的主要道路。从商业的变化中可明显看出过去六年大量商铺沿大三巴街出现，同时被提升的还有与之相连的营地大和关前正街，很多横切的支巷增强了彼此间的连接。而同样与大三巴街相交的新马路几乎没有商业数量提升，原因在于它已经非常繁华没有足够的空间。此外，过去十年的另一个明显变化是历史街区生活空间内部小街巷中出现了大量服务于小区的小商铺，如图5-9所示。

图5-9　大三巴街区环境实测
资料来源：本书编写团队实地拍摄。

其二是内港区域。其中十月初五马路、关前后街、福隆新街为代表性街道。关前后街曾是澳门历史城区最繁华的商业中心之一，但随着新马路的贯通，澳门国际港口优势同香港的分流，内地的全面开放，内港活力中心的迁移，导致该区域在近六年逐渐萧条。2014~2020年该地区实地调研的商铺数量从871家减少到806家，统计兴趣点（POI）的店铺从318家减为270家。

与新马路相似，除关前后街外，周边大部分街区中商铺数量则在增加，特别是靠近新马路主要道路的区段。另外，如白鸽巢街区等居住为主的街道由于与其他街巷有较好的联系，也聚集了更多的小区商业。

其三是下环街区，他在澳门历史城区中处于"直街"轴线的下端，城市等级的空间联系也受到新道路连接的影响，这导致了南北"直街"龙松街流量的相对下降。根据 POI 资料，2014～2020 年，该地区接受调查的商店数量从 242 家增加到 339 家，从 161 家增加到 186 家。通过对澳门历史城区所有街道和小巷的商店数量的研究结果表明，大多数街道上的商店数量都在增加。因此在这种背景下，可认为下一个链接区域的情况是基本稳定的。与此前的两例相似，大多数街区与大街交口附近的区段出现了更多渗入街区的商铺。

其四是高士德地区，这个是紧邻历史城区的生活空间的新区，中心区的街道由于多为几何放射状的主干道，具有极高的可达性。这种空间上对于现代交通方式的适应，形成了较好的空间优势混合紧凑的局部空间结构，加上临近关闸的城市整体格局的优势，这一区域日渐成为澳门半岛最主要的生活与商业中心。并且街区内部通过少量长、直的城市干道与原有历史城区的中心形成连接。

通过实地调研 2014～2020 年商业和人流、车流的相关分布情况（NACH 代表穿行度、NAIN 代表标准化整合度、LOGCH 代表标准化选择度、INT 代表整合度）。可以看出，峰值出现在 0.5～2 千米的小尺度半径较为适合用来分析步行流量，反之，峰值出现在 3 千米以上的代表大尺度半径较为适合用来分析车流量，一般在 7.5～15 千米形成缓峰，这个结果更加与机动车的出行规律相匹配。这两个空间句法参数分别反映了该区的步行和机动车流分布。基于实测数据选定合适的空间参数和回归方程数据结合，可以在今后各的历史城区生活空间更新中，测评不同区域的主要道路结构受到交通流量的影响，对于本研究有直接的价值和意义。

图 5-10～图 5-12 显示了四个空间区域参数与道路界面实际测量的决定系数，其 R 方值普遍在 0.3 附近，其中以大三巴、营地大街等的相关性较好。大三巴地区的周末车流在 1 千米半径范围达到较好峰值；周中峰值出现在 3 千米半径范围附近。周末人流在 0.5～1 千米半径范围出现峰值，周中人流则主要停留在 1 千米半径范围。作为世界遗产主要开发区域，不管是周中还是周末，生活和商贸活动，都体现了和步行出行高度相关的形式，根据实测平均宽度在 6 米左右。

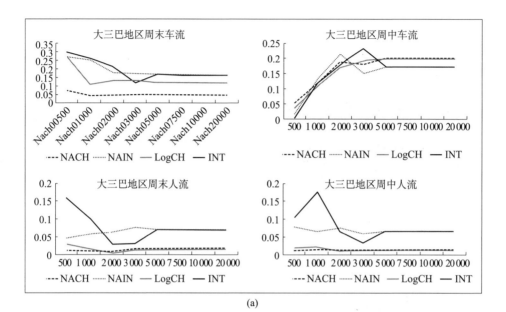

(a)

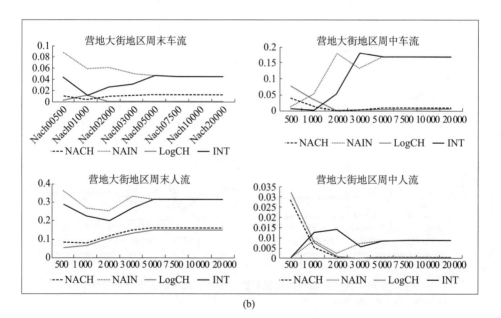

(b)

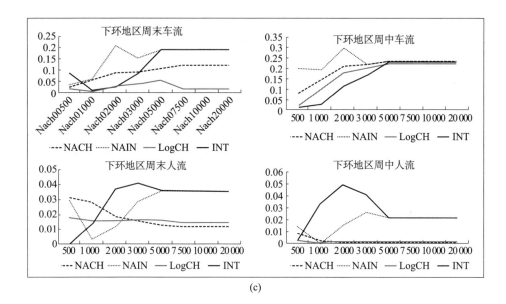

(c)

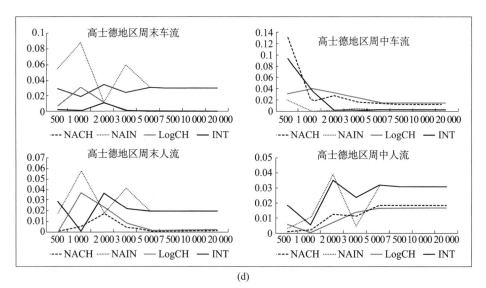

(d)

图 5-10 四个区域空间句法参数和周中、周末的人车使用分析

资料来源：本研究调研数据。

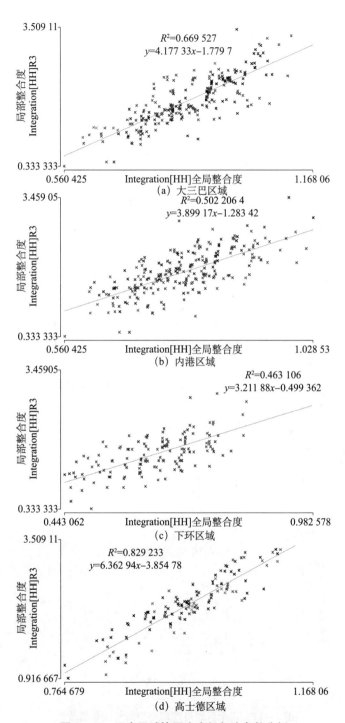

图 5 - 11　四个区域协同度空间句法参数分析

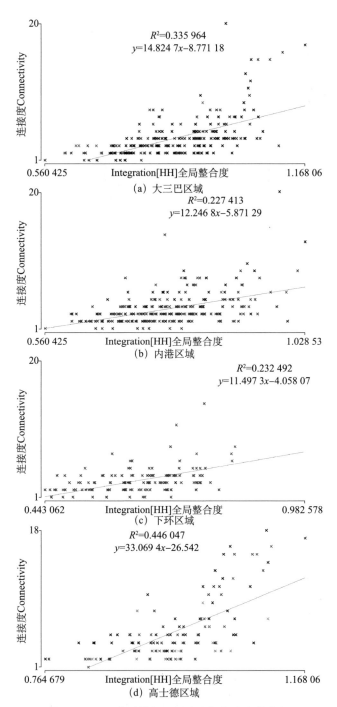

图 5-12　四个区域可理解度空间句法参数分析

资料来源：本研究绘制。

我们可以看到四个代表区域的代表性街道的空间句法参数，在连接度、全局整合度与局部整合度呈现出不同的分布模式和空间状态，全局整合度的中心区以高士德区域和大三巴区域参数较高，也反映出目前这两个区域生活空间旺盛的活力状态。在局部整合度的参数度量时，可以看到下环街区呈现出高于全局整合度的状态，说明由于这一街区交通的便利，形成了较多垂直于河边新街，连接度较好的街区，因此呈现出局部活跃的空间状态。平均深度值较小，也是这一区域在局部整合度较好的一个辅助因素。新马路、板樟堂街、高园街、高士德大街、罗利老马路、渡船街由于依托交通方式的相近，呈现出全局整合度良好的状态，而十月初五日马路、关前后街、福隆新街、高楼街、李加禄街还各组保持着原有的生活空间所影响下的空间模式，以及独特的空间氛围，在城市的演化过程中，形成独有的结构特征，如表5-4所示。

表5-4　　　　　　　　四个区域代表街道空间句法参数值分析

区域	街道	编码	连接度	全局整合度	局部整合度	平均深度	局部平均深度
大三巴区域	新马路 A1	260	20	1.3	3.4	5.5	3.3
	板樟堂街 A2	458	5	0.9	2.0	9.3	2.5
	高园街 A3	174	10	0.9	3.9	2.4	9.4
内港区域	十月初五马路 B1	72	2	0.7	1.4	12	2.5
	关前后街 B2	393	4	0.8	2.0	11	2.5
	福隆新街 B3	92	6	0.8	3.0	2.2	3.9
下环区域	河边新街 C1	482	14	0.8	3.0	11	2.3
	高楼街 C2	509	3	0.8	3.0	15	2.4
	李加禄街 C3	1 217	4	0.7	2.6	2.1	4.1
高士德区域	高士德大街 D1	318	15	1.1	3.0	8.1	2.5
	罗利老马路 D2	328	16	1.1	3.3	8.0	2.5
	渡船街 D3	130	6	1.0	3.4	2.7	8.6

资料来源：本研究绘制。

在关前后街、营地大街的区域，周末车流在500~2 000米半径范围达到较好峰值；周中峰值出现在3 000米半径范围附近。周末人流在500~3 000米半径范围出现峰值，周中人流则主要停留在2 000米半径范围。受历史街区的空间形态的影响，澳门历史城区生活空间的街道普遍较为狭窄，营地大街所处街区的道路宽度，根据实测平均宽度在5.2米左右，道路一侧用来停车，更加加剧了车行交通的不便。这一情况和葡萄牙里斯本目前的街道现况相似，也在一定程度上反映出，澳门历史城区生活空间的空间形态受到葡萄牙的城市规划风格的影响。

在下环街区，周末车流在2 000~5 000米半径范围达到较好峰值；周中峰值出现在2 000米半径范围附近。周末人流在3 000米半径范围出现峰值，周中人流则主要停留在2 000米半径范围。车流和人流都在5 000米的区域稳定。也反映出下环街区，紧邻巴素打尔古街、火船头街和河边新街所串联起来的城市主干道，适宜大尺度半径的车行出行方式，并且这一带的街巷都呈现出和主干道很好的渗透性，连接度较好。但是通畅的城市主干道交通仅仅构成外部边界的可达性较强，该区域仍然缺乏强有力的整合核心。

在高士德街区，周末车流在1 000米半径范围达到较好峰值；周中峰值出现在500米半径范围附近。周末人流在1 000~3 000米半径范围出现峰值，在3 000米附近出现第二次小高峰，周中人流则主要停留在2 000米半径范围，并于5 000米之后趋于平稳。高士德街区是目前澳门生活空间的新区，生活氛围浓厚，虽然街巷呈放射状的形态，但是步行出行的方式仍然优于汽车，街巷宽度的平均值为12 000米，街巷的中间往往设有市集，生活空间的商业业态，熙熙攘攘，繁华热闹，居民的人流量属于四个区域里面最高的。临近关闸所带来的商业活力，也是不可忽视的重要原因之一。如表5-5所示。

四、街道网络的规模和尺度层级

城市空间的形态在一定程度上也担当了权力代理，作为一种控制手段来规诫或塑造居民的日常生活行为，往往体现在历史城区街道的空间肌理、命名，甚至铺装纹样材质。澳门历史城区的道路铺装有着鲜明的时代烙印和风格特征，也体现了中葡文化交织下，澳门城市形态的视觉表征，表现出葡萄牙人侵占澳门时期西方中世纪城市形态对于澳门方方面面的影响，形成了独特的城市风貌。

表 5 - 5　　四个区域空间句法和周中周末人、车流量 R 方值相关性分析

单位：米

项目	log 周末车流	log 周末人流	log 周中车流	log 周中人流	项目	log 周末车流	log 周末人流	log 周中车流	log 周中人流
Nach00500	0.1301	0.0004	0.1301	0.0013	Nach00500	0.0501	0.0127	0.0501	0.015
Nach01000	0.0175	0.005	0.0175	0.0023	Nach01000	0.1179	0.0125	0.1179	0.0182
Nach02000	0.0278	0.018	0.0278	0.0125	Nach02000	0.1851	0.0098	0.1851	0.0164
Nach03000	0.016	0.004	0.016	0.0113	Nach03000	0.1789	0.017	0.1789	0.0165
Nach05000	0.0131	0.0013	0.0131	0.0184	Nach05000	0.1973	0.0179	0.1973	0.0174
Nach07500	0.0124	0.0012	0.0124	0.0186	Nach07500	0.1999	0.0182	0.1999	0.0176
Nach10000	0.0124	0.0012	0.0124	0.0186	Nach10000	0.1999	0.0182	0.1999	0.0176
Nach20000	0.0124	0.0012	0.0124	0.0186	Nach20000	0.1999	0.0182	0.1999	0.0176
Nain00500	0.0193	0.0174	0.0193	0.0033	Nain00500	0.0181	0.0476	0.0181	0.0792
Nain01000	0.0006	0.0572	0.0006	0.0103	Nain01000	0.1327	0.0583	0.1327	0.066
Nain02000	0.0014	0.0174	0.0014	0.0384	Nain02000	0.2121	0.0629	0.2121	0.0764
Nain03000	0.0045	0.0416	0.0045	0.0045	Nain03000	0.1503	0.076	0.1503	0.0607
Nain05000	0.0027	0.0204	0.0027	0.0314	Nain05000	0.1704	0.0718	0.1704	0.0683
Nain07500	0.0024	0.0198	0.0024	0.0309	Nain07500	0.1717	0.0706	0.1717	0.0681
Nain10000	0.0024	0.0198	0.0024	0.0309	Nain10000	0.1717	0.0706	0.1717	0.0681
CNain20000	0.0024	0.0198	0.0024	0.0309	Nain20000	0.1717	0.0706	0.1717	0.0681
LogCH00500	0.0931	0.001	0.0931	0.0057	LogCH00500	0.0359	0.0291	0.0359	0.0202
LogCH001000	0.0385	0.0371	0.0385	0.0004	LogCH001000	0.111	0.0135	0.111	0.0227
LogCH02000	0.032	0.0232	0.032	0.0079	LogCH02000	0.17	0.0068	0.17	0.0137
LogCH03000	0.0223	0.0085	0.0223	0.014	LogCH03000	0.1884	0.0123	0.1884	0.013
LogCH05000	0.0161	0.0024	0.0161	0.0164	LogCH05000	0.1957	0.0152	0.1957	0.0147
LogCH07500	0.0152	0.0023	0.0152	0.0166	LogCH07500	0.1984	0.0155	0.1984	0.015
LogCH10000	0.0152	0.0023	0.0152	0.0166	LogCH10000	0.1984	0.0155	0.1984	0.015
LogCH20000	0.0152	0.0023	0.0152	0.0166	LogCH20000	0.1984	0.0155	0.1984	0.015
INTR00500 metric	0.0305	0.0286	0.0305	0.0186	INTR00500 metric	0.0046	0.1594	0.0046	0.1061
INTR01000 metric	0.0389	0.0004	0.0389	0.0053	INTR01000 metric	0.1195	0.1028	0.1195	0.1759
INTR02000 metric	0.0016	0.0366	0.0016	0.0351	INTR02000 metric	0.1794	0.0287	0.1794	0.0658
INTR03000 metric	0.0008	0.0224	0.0008	0.0237	INTR03000 metric	0.2304	0.0328	0.2304	0.0345
INTR05000 metric	0.0025	0.0199	0.0025	0.0317	INTR05000 metric	0.1704	0.0716	0.1704	0.0682
INTR07500 metric	0.0024	0.0198	0.0024	0.0309	INTR07500 metric	0.1717	0.0706	0.1717	0.0681
INTR10000 metric	0.0024	0.0198	0.0024	0.0309	INTR10000 metric	0.1717	0.0706	0.1717	0.0681
INTR20000 metric	0.0024	0.0198	0.0024	0.0309	INTR20000 metric	0.1717	0.0706	0.1717	0.0681

资料来源：本研究绘制。

1. 街道的铺装与命名

澳门历史城区生活空间街区具有清晰的层级序列，从街道的铺装和命名上可以直观地体现出来。

"大马路"为最高层级，在空间格局上担负连接各个街道，贯穿主要城区的作用，有的直接用街区名称和作用来冠名。例如，新马路（Avenidade Almeida Ribeiro），以其中心点市政厅为界，往西一边被叫做亚美利庇卢大马路，往东（至今天大西洋银行处）被命名为美副将大马路。后来才被统一，以时任葡萄牙最高法院法官、1913~1917 年时任澳葡政府殖民地部部长亚美打利庇卢（Almeida Ribeiro）的名字命名（后人简称为"新马路"）。还有十月初五日马路原名"泗孟街"，源自已经拆掉的孟码头，可以看出这条街道旧有的位置属于内港海湾浅滩，在之后的填海工程中扩展了海岸线，成为今天看到的内陆街巷，曾经由于紧邻海港的缘故，在 20 世纪四五十年代，是最为繁华的商业街区之一。

街道的命名背后也体现了权力对于城市空间层级的控制和影响，而几乎贯穿整个历史街区的"直街"则体现出宗教、等级较高的政权对于澳门历史城区最初的空间形态产生核心的影响。"直街"是整个城市最开始的发展框架。它也是早期连接澳门核心区域的重要路径，反映了澳门城市发展的最初形态。这种形式是欧洲中世纪城市空间格局的代表，因此在葡萄牙其他的城市中也能找到"直街"的影子。

（1）用经济产物命名。

澳门三面濒海，内部除几个小山丘外，其他都是冲积而成的平地，由于气候适宜，所以除了渔业外，尚有小规模晨耕作业，这种情形在街道名称中亦反映出来，渔业和农耕曾经占据澳门半岛居民举足轻重的地位，很多街巷的命名也和经济产物有关，如绿豆围、木瓜围、鲍公马路、果栏街、咸鱼街、米糙巷。

（2）商业业态。

营地大街，其名源于此地曾是军队扎营之地，也有澳门街之称，是过去在澳门经商的人在此聚集进行贸易活动的街道，正因如此，其葡文名称才叫

Ruados Mercadores（意思就是商人街）。中国人与葡萄牙人之间一道非正式的分界线，就是成为繁盛的贸易市场的营地大街。澳门的商业街道的组合一开始单单是营地大街，其后加入关前街和草堆街，变得更加繁盛。而后商贾们为了加强之间联络感情和沟通商情，将其并同组成三街会馆，也作为当时的清政府发布公告的地方，再之后也被作为联系华人的唯一机关。

　　烂鬼楼，原名"兰桂楼"，后因火灾被烧至残破而得名"烂鬼楼"，被澳葡当局用作街名。20 世纪早期这里曾是旧料地摊市场，中后期变成了杂货店集中地。其葡文（Travessado Armazém Velho）译为旧仓库巷，沿街两侧主要以仓库为主。草堆街，位置在澳门半岛的中间，左右两边分别是泗孟街和手信街口接卖草地街，全长为 320 米。1892 年，孙中山先生曾在草堆街 84 号开设中西药局，一方面可以为百姓提供药物，另一方面也达到了宣传革命的目的。由于老街道路上的小块花岗岩石料是由葡萄牙运送至此，因此在风格上与葡式风格一脉相承商人巷（Travessados Mercadores）是三街街区唯——条中葡文街名一致的街道，说明该巷多为商人居住和出没的地方。关前街，澳门最古老的三条街道之一。街上铺满葡萄牙小块花岗岩石路，加上街道两边多为杂货店、古玩店等，形成一种比较复古的葡式老街的味道。小新巷葡文（Travessados Alfaiates）译为"十字绣"，街道名称为"裁缝巷"，说明整条巷道为三街街区的生产和生活提供一些织补类的后勤服务。沙梨头街市，位于澳门爹美刁施拿马路，由其所处的区名来命名，因建于水上，有着"水上街市"的称号。最主要的龙嵩街于 19 世纪中叶开辟，葡文街名是"中央街"或"中心街"。由于圣奥斯汀教堂就在附近，所以中文街名也被其所影响。圣奥斯丁教堂建于 1586 年，曾以葵叶覆盖以避风雨，风一吹，葵叶松动如虬龙，因此得名"龙松庙"，该街又名龙松街。后因"松"字不雅，改为"嵩"字。龙嵩街曾经非常繁盛，商店林立，有印度人、犹太人和中国人开设的金银首饰店、丝绸布匹店和工艺品店等，而且吸引了很多大户人家在此安置，曾经这里十分繁华，澳门警察总部曾经也坐落在龙嵩街，今天，澳门司法警察司在此设办公驻地。

　　道路的铺装也体现了一定时期内社会层级的差异以及先进交通技术带来的变化。我们根据历史城区同一时期地图进行街道的铺装和断面形式进行分类。可以看到更加清晰的层级关系体现运动层级系统的主次变化，一些主干道因为交通流量的因素，更加宽阔，路面铺装也使用更加高级的材料，有一定的主题纹样装饰。

通过对与政治、经济、文化等相关的代表性地点进行铺设，如文化中心广场、新马路（由大西洋银行至市政厅大楼一段）、议事厅前地、澳督府前地、板樟堂前地、妈阁庙前地、岗顶前地等。从这个角度上讲，铺装更加凸显了历史城区城市空间内部街道的功能等级。也有部分街道的铺装虽然是巷或里等低层级的类型，但是周边有知名历史建筑物的存在，因而附近街道的铺装也呈现出奢侈的形式，如历史城区的关前正街，因为有可口可乐博物馆、澳门青年文化创意协会等文创店铺的集聚，因而，内侧街巷路面的铺装也呈现了细腻的海洋文化特征。

铺装和命名呈现出街道空间物理形态属性，体现了历史城区生活空间形态中的等级差别。也从更深层次地体现出权力和财富对于空间层级的影响与支配，形成了约束和差异的旧城区城市空间网络体系。例如，新马路作为澳门历史城区的主要街道之一，街道两侧人行道上铺设葡式石仔路（calçada portuguesa），呈四方形，3厘米见方，拼贴出许多反映海洋文化的纹样，成为富有强烈的城市文化的视觉表征。这些独具葡萄牙意蕴的石子路，不仅是"澳葡"政府在澳门回归前转移资产的一种手段，也成为葡萄牙文化的一种强势植入，如表5-6所示。

表5-6 街道铺装汇总

铺装类型	名称	街道	街道位置	街道宽度（米）	铺装类型	名称	街道	街道位置	街道宽度（米）
	中碎石	司打口		4		小碎石	大三巴街		4
	方砖	烂花围		5		沥青	镜湖马路		5

续表

铺装类型	名称	街道	街道位置	街道宽度（米）	铺装类型	名称	街道	街道位置	街道宽度（米）
	小碎石	西望洋巷		3		方砖	炉石堂		3
	碎石	花王堂街		6		石砖	衣湾斜巷		6
	方砖	安仿西巷		4		水泥	神父街		5
	石砖	十月初五街		8		碎石	老人院前地		6
	沥青	新胜街		7		沥青	高士德大马路		9
	水泥	烧灰炉街		3		水泥	新马路		10
	石砖	沙栏仔街		4		方砖	消防队巷		5

资料来源：本研究汇整。

接下来通过空间句法的分析，观察街道之间彼此的连接，对比历史城区全局穿行度的分析比对，发现两者之间存在较大的相似性。

根据 2020 年的历史城区地图的空间穿行度分析，铺装等级和命名层级皆属于最高的新马路和空间句法穿行度分析结果一致，作为历史城区贯穿东西的重要轴线，与原有"直街"形成了"十"字形的结构，分别代表了不同时期的繁华市场所在区域。在空间句法的分析中可以看出，新马路议事厅前地直至大三巴街区和营地大街代表着商业繁华区域的延伸，也进一步明确了空间的层级，从而形成了现有的整体空间格局。

常规认为人们在空间中穿行，都具有一定明确的目的和导向，具有某一功能的载体吸引我们过去，形成人流聚集的中心。而空间句法的研究则表明，空间中因为人们的行为流动，形成了"流体"的中心，将功能载体放置于合适的层级及位置，通过城市空间来运作。空间形态同时影响着流的分布和功能的涌现，而流与功能则是同时影响着流的分布和功能的涌现，而流与功能则是短时互动关系[1]。盛强（2016）从空间句法的理论来看，强调空间形态自身形成的对于运动流体的吸引力和决定作用，称之为"自然运动"理论，如表 5－7 所示。

从分析结果来看，在穿行度比较高的街区，往往集聚较大规模的商业，结合整合度来看，倾向分布在 2 000 米左右半径的街道上。以新马路为例，在这条街道上汇集了各色商业，特色手信饼店 6 家，高端饰品 12 家，医药妆品店 20 家，服装店 15 家，对于空间的通达性有较强的依赖性；而距离新马路后方的八佰伴等综合商业工业中心，虽然并非临街位置，但是视觉通畅，交通便利，在可理解度和穿行度方面，也达到了最合理的状态。

相对于城市级别的商业分布，小区级别的商业如小百货、地产中介、海味干货店、粮油店、理发店、蔬菜水果、教育培训中心等则分布则呈现出对于空间连接的依赖性较低，整合度的合理半径也低于 2 000 米范围，常规数据处于 1 千米范围内部。体现了生活空间的小区级小商业业态，对于邻里关系的依赖，这种紧密的社会联系，可以提升较低穿行度和整合度带来的影响。

---

① 盛强，刘星，杨振盛. 网络时代膨胀的实体商业空间——应用空间句法模型分析北京内城街区内商业演变 [J]. 城市设计，2016（4）：8.

表 5-7　澳门历史城区生活空间代表性业态分布的穿行度与整合度

业态	Nach1km (%)	Nach2km (%)	Nach5km (%)	Nach10km (%)	Nach20km (%)	Nach50km (%)	Int1km (%)	Int2km (%)	Int5km (%)	Int10km (%)	Int20km (%)	Int50km (%)
杂货店	1.181246	1.115358	1.368338	1.427534	1.412081	1.417145	142.7749	461.0863	1970.489	3642.646	4881.16	5103.328
	132.91	140.27	132.27	160.83	154.44	170.52	239.37	265.69	341.32	245.02	170.96	148.76
水果蔬菜店	1.143963	1.209786	1.227558	1.242486	1.23187	1.230428	207.8958	531.0495	1687.839	3142.759	4332.834	4531.029
	130.81	123.25	142.42	132.76	142.22	132.98	345.43	343.62	269.65	242.57	156.64	123.07
手信店	1.146366	1.219535	1.245488	1.251173	1.233883	1.260338	199.0834	530.1802	1694.366	3217.29	4391.928	4599.177
	132.07	138.27	125.31	145.70	140.44	160.43	315.21	334.09	294.75	232.70	164.83	152.06
南货干货	1.209298	1.265598	1.2782	1.276079	1.260447	1.257035	214.6506	560.5591	1724.702	3304.64	4561.49	4790.5
	128.99	137.08	124.76	128.40	156.42	165.05	327.85	357.33	283.87	217.72	149.11	169.64
药店	1.236236	1.314393	1.365766	1.381912	1.367795	1.369707	178.0008	536.5593	1798.309	3497.507	4745.185	4975.027
	115.96	135.17	155.24	151.88	164.47	145.05	294.20	322.02	315.28	231.01	175.92	145.02
中介	1.258092	1.282131	1.270627	1.268752	1.242575	1.232364	169.6878	472.8627	1710.784	3157.811	4363.397	4585.813
	146.36	123.80	138.97	147.61	149.42	142.20	278.99	299.99	268.52	237.61	141.77	156.67
餐厅	1.236458	1.271122	1.208529	1.291959	1.27239	1.266782	181.0888	526.0724	1701.655	3277.27	4516.924	4754.952
	155.98	162.65	128.42	135.12	156.76	156.17	288.46	335.96	298.98	246.84	156.46	148.60
西餐咖啡	1.040233	0.925639	0.924594	0.963774	0.939745	0.9076028	113.0981	361.5643	1556.826	2909.706	4089.162	4328.273
	126.40	99.60	94.43	106.53	101.44	108.73	184.28	235.03	254.56	228.51	141.60	135.16
眼镜店	1.093642	1.152558	1.195558	1.207646	1.194358	1.196165	150.7549	455.0626	1549.159	3062.88	4171.316	4382.127
	124.27	130.28	135.05	142.98	152.01	145.03	253.24	270.74	275.26	231.06	164.65	147.73
教育机构	1.233959	1.269027	1.300217	1.319875	1.297422	1.289742	156.8976	483.8386	1812.554	3370.739	4601.625	4820.885
	139.71	142.43	128.09	136.15	165.57	158.82	258.26	289.79	309.69	242.28	172.60	150.52

资料来源：本研究绘制。

有些知名餐饮的小店，甚至都是依附于一个小巷子一侧的临时摊位，但是也有几十年之久的历史，即便是比较偏狭，但是也深受左邻右舍的拥趸，很多街坊每天固定时段过来吃碗面、聊聊天，形成了浓厚的生活氛围。

2. 街道的规模和尺度层级

通过聚焦澳门历史城区零售业在历史上的分布位置，通过其数据信息，聚焦街道的规模和尺度层级，关注以下问题：澳门历史城区生活空间的中心地结构是否发生了变化？是否存在一个由地中心到流中心的空间逻辑转向？在多层级的尺度下，中心在变化的层级结构中选址的空间逻辑到底是什么？

关于"里""围"的起源，学者们有不同的阐述。内围包含三个层次的解释：一是地块标准，这是一系列紧密排列的地块组合，具有 4～5 米开间和 8 米～10 米深度。二是建筑层，是一栋 2～3 层的住宅楼。三是在街道一级，是服务于里围地块的最低坡度道路，宽度为 1.5～3 米。周围的建筑群都面对着里、围道路，有出入口。从城市形态的角度来看，"里"和"围"是高密度的居住用地组合，起源于岭南传统的居住方式。"里"和"围"的起源是指广东民居梳理布局中两列建筑物之间的过道①。

香山县以外的乡村中，"里"作为街道名非常普遍。1920 年，《香山县志》记载，香山县南门、东门、北门外广泛分布有"里"街，形成了多种街道系统。在 1895 年澳门的塔石村规划中，我们可以看到由街道、小巷和小巷组成的中国村庄的居住格局。"包围圈"是指岭南客家人传统的客家房屋或村庄，如表 5-8 所示。

表 5-8　　　　　　　1878 年、1896 年、1905 年内港里围地块数量统计

年份	里			围		
	数量（条）	地块（个）	平均（个/条）	数量（条）	地块（个）	平均（个/条）
1878	34	376	11.06	31	398	12.84
1896	28	313	11.18	50	588	11.76
1905	30	412	13.73	48	610	12.71

资料来源：郑剑艺. 澳门内港城市形态演变研究 [D]. 广州：华南理工大学，2017：86.

———————

① 澳门市政厅. 澳门市街道及其它地方名册 [M]. 澳门：澳门鸿兴柯氏印刷有限公司，1993：110.

　　澳门的围与二者相差甚远，但是澳门的围最初也是一种由若干个相关群体聚集居住的地块组合。澳门历史街区共有78个里围，其中21个仍保留其商号或职能名称，16个保留其姓氏。从理论上讲，"里"可被认为是不同的家庭组合，土地集聚规模更大，宣传程度更高；"围"倾向于按家庭或某种相对私有和排他性的特定行业分类进行聚类。但是，在发展过程中，内容的差异逐渐变小，呈现出汇聚的趋势。里、围没有严格的规模划分，从统计数据可以看出，每个里、每个围的平均地块数和线密度非常相似。因此，很多情况下，里和围的名称是通用的，例如，赵家里/赵家围、钟家里/钟家围等。"里、围"模式与葡萄牙民居Ilhas高密度住宅模式具有高度的相似性。Ilhas是19~20世纪在葡萄牙常见的工薪阶级房屋，如图5-13、图5-14所示。它位于大型正面建筑物的背面。这些工人阶级的房屋沿着狭窄而悠长的通道排列。

图5-13　澳门内港钟家里和永乐里

资料来源：郑剑艺. 澳门内港城市形态演变研究［D］. 广州：华南理工大学，2017：88.

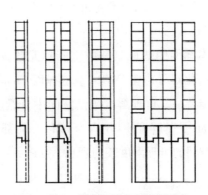

图5-14　葡萄牙波尔图民居住宅

资料来源：郑剑艺. 澳门内港城市形态演变研究［D］. 广州：华南理工大学，2017：88.

五、生活空间的空间句法实测解读

通过对 2020 年生活空间的实测，我们可以发现历史城区的生活空间中心活力点在逐渐外移，由原来的内港，转移至今天的大三巴及高士德一带，七成的零售业聚集在三成可达性最高的街区（新马路与高士德之间的区域），不同尺度会体现出不同的规律。对上述地区实测交通流量的分析结果显示 1 千米半径对步行使用分析效果较好，5 千米半径对机动车使用分析的效果较好，结合澳门历史城区生活空间面积不大及街巷空间尺度较为狭窄的现况，将 1 千米半径范围调整为 200 米半径范围。研究关注从行为角度解释影响商铺分布的机制，可以分别分析各案例中城市级别的运动（机动车 5 千米半径范围）与局域范围的运动（步行 200 米半径范围）对商业分布的贡献。

2014～2020 年该地区实地调研的商铺数量从 2014 年的 1 088 家增加到 2020 年的 1 467 家，而从 POI 数据来看则从 934 家增加到 1 287 家。这两类数据的对比说明 POI 数量与实际差异较大，但变化趋势相似。

1. 2020 年澳门历史城区生活空间分析

（1）协同度分析。

协同度反映了系统局部整合度与全局整合度之间的相关系数，协同度数值越高说明局部结构与整体结构相符，不同类型的流量相协调。本案例中 R 方值为 0.48，具有一定的相关性，说明小尺度和大尺度相协同，如图 5 – 15 所示。

（2）可理解度分析。

局部组构特征（本案例中选取紧邻的空间单元数量 Con-nectivity）可作为其全局组构特征（如相对可达性 INTRn 或选择度 Choice）的参考程度，即局部和全局的双向同步特征。可理解度越高空间中自然使用行为的可预测程度越高，本案例中全局可理解度 R 方值为 0.17，局部可理解度 R 方值为 0.58，说明日常生活空间的可理解度较为理想，如图 5 – 16 和图 5 – 17 所示。

（3）相关性分析。

标准化店铺数量和空间句法参数相关性，分析结果显示店铺数量与整合度系参数相关性较好，并在 2 000 米达到峰值。

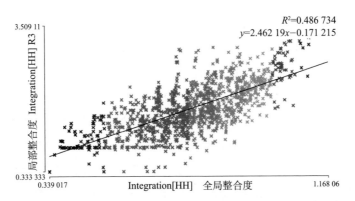

图 5－15 2020 年澳门历史城区协同度分析

注：Integration［HH］（全局整合度）；Integration［HH］R3（局部整合度）

资料来源：本研究绘制。

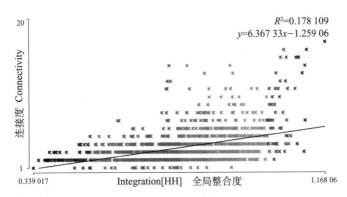

图 5－16 2020 年澳门历史城区全局可理解度分析

注：Integration［HH］（全局整合度）；Connectivity（连接度）

资料来源：本研究绘制。

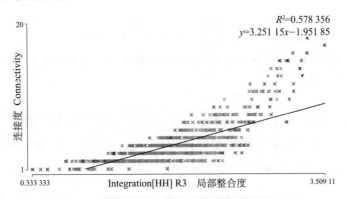

图 5－17 2020 年澳门历史城区局部可理解度分析

注：Integration［HH］R3（局部整合度）；Connectivity（连接度）

资料来源：本研究绘制。

从分析结果来看，整合度系的参数决定系数在 2000 年和 2006 年普遍较高。峰值半径在 200 米与 1 千米之间，这与历史城区仍旧完整地保留整体葡萄牙初始建设阶段城市空间形态有关。当仅采用一个空间句法参数时（如 NAIN），各中心的决定系数可达 0.12 ~ 0.48。显示出商业分布与实街道宽度及测交通流量之间的决定系数，可以看出比较接近，甚至优于实测流量数据的分析效果。仅仅基于店铺数量分析效果不好的原因主要由于近年历史城区商业开发，仍旧有很多业主宁愿闲置，也没有出租商铺，在实际调研中，不少街巷都存在废弃或者闲着的物业，使得整个历史城区及相关生活空间流量明显下降。简言之，2000 年的前门商业分布更接近自组织状态，而 2020 年则明显体现出外部力量介入的影响。此外，从与实测流量资料的相关分析来看前门的商业分布与步行流量紧密相关，与机动车流量则相关性很低。澳门半岛以高士德区域为代表的北区商业分布与步行车行流量相关程度接近，如图 5-18 所示。

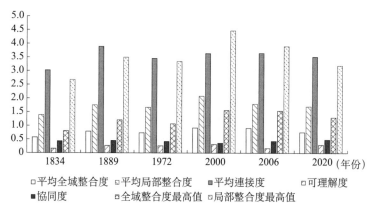

图 5-18　各年度空间句法参数值比较和空间句法参数相关性分析
资料来源：本研究绘制。

街道宽度和空间句法参数相关性，分析结果显示街道宽度与小半径的整合度系和选择度系参数相关性较好，且为负相关，说明小半径范围内空间连接性较好的街道弯度都比较小，如图 5-19、图 5-20、表 5-9 所示。

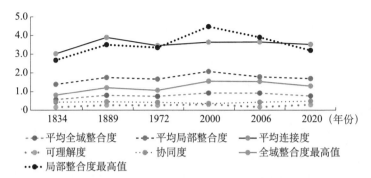

图 5 - 19　1834 ~ 2020 年空间句法参数值比较

资料来源：本研究绘制。

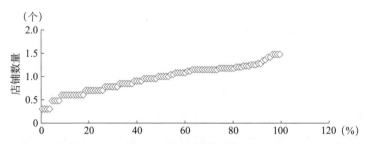

图 5 - 20　2020 年澳门历史城区标准化店铺数量和空间句法参数相关性分析

资料来源：本研究绘制。

表 5 - 9 　　　　　　　标准化店铺数量和空间句法参数相关性

项目	标准化店铺数量和空间句法参数相关性							
	R00500	R01000	R02000	R03000	R05000	R07500	R10000	R20000
标准化选择度（LogCH）	0.28	0.28	0.31	0.26	0.20	0.21	0.21	0.21
标准化角度选择度（NACH）	0.14	0.35	0.29	0.26	0.25	0.26	0.26	0.26
标准化角度整合度（NAIN）	0.35	0.40	0.50	0.49	0.49	0.49	0.49	0.49
整合度（INT）	0.40	0.49	0.50	0.49	0.48	0.49	0.49	0.49

街道宽度和空间句法参数相关性								
项目	R00500	R01000	R02000	R03000	R05000	R07500	R10000	R20000
标准化选择度（LogCH）	−0.46	−0.41	−0.37	−0.24	−0.13	−0.12	−0.12	−0.12
标准化角度选择度（NACH）	0.04	−0.28	−0.23	−0.18	−0.14	−0.13	−0.13	−0.13
标准化角度整合度（NAIN）	−0.14	−0.17	−0.19	−0.20	−0.17	−0.18	−0.18	−0.18
整合度（INT）	−0.47	−0.39	−0.28	−0.18	−0.25	−0.18	−0.18	−0.18

资料来源：本研究绘制。

2. 生活空间代表业态衰减距离分析

根据实地调研小区中的代表性功能，选取了 18 种业态进行空间分析。针对距离的分析显示各功能点周边的距离衰减，该范围应该增加该种业态类型，从而达到对未来城市生活空间业态分布及数量规模、规划的预测，也可以总结出目前活力中心分布区域的空间普遍规律，可以挖掘和积累更有价值与意义的参考数据。

3. 200 米半径范围代表业态相关性分析

商业数量在这个地区比较有代表性是因为澳门历史城区生活空间绝大多数街巷的商业主要由面积相近的小商铺构成，没有大型多层的商业建筑。因此对面积和面宽的分析与数量是高度接近的。基于各商铺的业态类型将其划分为城市和小区服务商业两个层级 18 种业态，并分别对 18 类店铺与空间句法四个参数进行相关性分析。

在进行相关性分析之前，对基本的四类空间句法参数进行处理，为尽可能减少偶然性因素的影响，选择度参数分别选取 200 米半径范围内和 500 米半径范围内的最高值，整合度参数选取其平均值。选择度参数选取最高值是因为该种业态所处地位的可达性较好，整合度参数选取平均值是因为该半径范围内易形成中心，如表 5 – 10 所示。

表 5—10　　2020 年澳门历史城区 200 米半径各类业态相关性分析

项目	参数	庙宇	教堂	公厕	住宅	商务住宅	便民店	体育休闲	中介	汽车维修	教育	港口	医疗	水果	餐饮	邮局	摩托车	交通站点
200米半径范围内最大值	choice00500	-0.4333	-0.38866	-0.35725	-0.12245	-0.19419	-0.23724	-0.31656	-0.33845	-0.46314	-0.25077	-0.19425	-0.72693	0.049517	-0.17871	-0.25306	-0.20321	-0.21736
	choice01000	-0.41351	-0.387	-0.33745	-0.11545	-0.18851	-0.2447	-0.30746	-0.33565	-0.45818	-0.22882	-0.21521	-0.72686	0.0131	-0.17172	-0.23937	-0.17154	-0.21319
	choice02000	-0.39333	-0.35894	-0.27681	-0.07818	-0.15231	-0.24084	-0.24843	-0.24342	-0.42793	-0.15139	-0.24495	-0.64882	-0.11516	-0.13476	-0.23785	-0.15976	-0.17495
	choice03000	-0.34188	-0.32056	-0.22713	-0.06191	-0.11851	-0.20155	-0.21214	-0.19412	-0.38269	-0.11249	-0.25141	-0.49238	-0.09529	-0.10876	-0.22432	-0.14807	-0.14141
	choice05000	-0.30907	-0.29501	-0.22718	-0.06668	-0.10157	-0.19257	-0.1928	-0.16394	-0.34985	-0.0927	-0.2841	-0.36156	-0.07523	-0.09702	-0.26753	-0.10672	-0.12629
	choice07500	-0.33756	-0.28323	-0.22381	-0.06465	-0.09246	-0.19599	-0.18092	-0.15386	-0.31243	-0.08162	-0.22273	-0.32592	-0.07469	-0.09188	-0.35749	-0.09986	-0.11247
	choice10000	-0.33772	-0.28318	-0.22378	-0.06466	-0.09243	-0.19607	-0.1809	-0.15384	-0.31227	-0.08157	-0.22235	-0.32576	-0.07471	-0.09187	-0.35798	-0.09987	-0.11242
	choice20000	-0.33772	-0.28318	-0.22378	-0.06466	-0.09243	-0.19607	-0.1809	-0.15384	-0.31227	-0.08157	-0.22235	-0.32576	-0.07471	-0.09187	-0.35798	-0.09987	-0.11242
	NACH00500	-0.19113	-0.28511	-0.20787	-0.0715	-0.10818	-0.10308	-0.20012	-0.20671	-0.18326	-0.1889	-0.28478	-0.5252	0.123993	-0.10972	0.15994	-0.04858	-0.12187
	NACH01000	-0.20002	-0.24422	-0.20232	-0.10404	-0.13156	-0.12796	-0.22075	-0.26126	-0.37659	-0.19168	-0.23799	-0.50255	0.036434	-0.12094	0.084619	0.077133	-0.15786
	NACH02000	-0.32471	-0.30699	-0.24029	-0.09541	-0.12893	-0.19759	-0.2245	-0.24171	-0.40615	-0.15576	-0.27572	-0.52045	-0.08568	-0.12409	-0.0853	-0.03841	-0.16083
	NACH03000	-0.27994	-0.30078	-0.19889	-0.06334	-0.10081	-0.17211	-0.18602	-0.18299	-0.3919	-0.09912	-0.30812	-0.4255	-0.08875	-0.09714	-0.16558	-0.11419	-0.13239
	NACH05000	-0.31048	-0.2826	-0.23357	-0.0644	-0.10575	-0.19815	-0.19819	-0.17119	-0.35538	-0.10061	-0.28243	-0.38732	-0.08599	-0.10028	-0.25577	-0.10007	-0.12884
	NACH07500	-0.34774	-0.27851	-0.23777	-0.06407	-0.10173	-0.20821	-0.19294	-0.16452	-0.3275	-0.09353	-0.22134	-0.36617	-0.09424	-0.09821	-0.34386	-0.09414	-0.11961
	NACH10000	-0.34787	-0.27846	-0.23773	-0.06406	-0.1017	-0.20824	-0.19288	-0.16449	-0.32735	-0.09349	-0.221	-0.36604	-0.09426	-0.09819	-0.34425	-0.09415	-0.11956
	NACH20000	-0.34787	-0.27846	-0.23773	-0.06406	-0.1017	-0.20824	-0.19288	-0.16449	-0.32735	-0.09349	-0.221	-0.36604	-0.09426	-0.09819	-0.34425	-0.09415	-0.11956

续表

项目	参数	庙宇	教堂	公厕	住宅	商务住宅	便民店	体育休闲	中介	汽车维修	教育	港口	医疗	水果	餐饮	邮局	摩托车	交通站点
200米半径范围内平均值	NAIN00500	0.15015	0.118213	0.137587	0.108777	0.090934	0.006101	0.111858	0.127734	0.16802	0.097697	0.263112	0.296461	-0.0863	0.053364	-0.20501	-0.02654	0.077556
	NAIN01000	-0.10048	-0.01792	-0.11957	0.009212	-0.02664	-0.14724	-0.07914	-0.03941	-0.12715	-0.03761	0.294205	-0.08061	-0.21059	-0.03122	-0.25089	-0.00378	-0.03312
	NAIN02000	-0.2619	-0.16734	-0.25406	-0.04306	-0.10169	-0.22647	-0.20822	-0.16561	-0.27445	-0.14114	-0.00381	-0.36012	-0.24981	-0.09526	-0.31295	0.017022	-0.11091
	NAIN03000	-0.23602	-0.16336	-0.22652	-0.01851	-0.0948	-0.21538	-0.18851	-0.13823	-0.27929	-0.09968	-0.23889	-0.34964	-0.2274	-0.08553	-0.41647	-0.0799	-0.10829
	NAIN05000	-0.20657	-0.12038	-0.18067	0.00359	-0.07503	-0.18018	-0.14636	-0.10945	-0.22577	-0.06686	-0.1107	-0.30752	-0.1963	-0.06406	-0.46578	-0.134	-0.07971
	NAIN07500	-0.2049	-0.12019	-0.18011	0.004318	-0.07322	-0.18208	-0.14512	-0.10607	-0.22446	-0.06457	-0.10767	-0.29882	-0.20437	-0.06318	-0.46338	-0.13156	-0.07903
	NAIN10000	-0.2049	-0.12021	-0.18002	0.004392	-0.07319	-0.182	-0.14503	-0.10594	-0.22427	-0.0645	-0.10768	-0.29881	-0.2043	-0.06312	-0.4637	-0.13163	-0.07897
	NAIN20000	-0.2049	-0.12021	-0.18002	0.004392	-0.07319	-0.182	-0.14503	-0.10594	-0.22427	-0.0645	-0.10768	-0.29881	-0.2043	-0.06312	-0.4637	-0.13163	-0.07897
	INT00500	-0.2754	-0.25212	-0.21758	0.004743	-0.09423	-0.12763	-0.1867	-0.16059	-0.27419	-0.12527	-0.11487	-0.41675	0.076905	-0.09045	-0.32852	-0.13163	-0.11097
	INT01000	-0.32666	-0.23442	-0.23955	-0.01287	-0.11303	-0.1828	-0.21364	-0.1839	-0.32115	-0.12056	-0.13898	-0.5054	-0.03439	-0.10518	-0.33623	-0.21175	-0.12769
	INT02000	-0.33369	-0.23612	-0.26553	-0.00715	-0.11572	-0.21294	-0.22347	-0.16284	-0.31166	-0.11427	-0.19088	-0.47547	-0.15771	-0.09931	-0.40451	-0.24347	-0.12726
	INT03000	-0.32446	-0.20104	-0.26791	-0.01803	-0.12001	-0.23135	-0.22157	-0.16141	-0.27777	-0.11527	-0.13058	-0.47338	-0.16864	-0.09882	-0.50068	-0.18507	-0.11995
	INT05000	-0.26535	-0.1511	-0.218	-0.00799	-0.09359	-0.21426	-0.17028	-0.12618	-0.24063	-0.079975	-0.06057	-0.35696	-0.21778	-0.07749	-0.52345	-0.1325	-0.09215
	INT07500	-0.2049	-0.12021	-0.18005	0.004366	-0.0732	-0.18202	-0.14505	-0.10598	-0.22432	-0.06452	-0.10768	-0.29881	-0.20431	-0.06314	-0.46361	-0.13163	-0.07899
	INT10000	-0.2049	-0.12021	-0.18002	0.004392	-0.07319	-0.18199	-0.14503	-0.10594	-0.22427	-0.0645	-0.10769	-0.29881	-0.2043	-0.06312	-0.46369	-0.13163	-0.07897
	INT20000	-0.2049	-0.12021	-0.18002	0.004392	-0.07319	-0.18199	-0.14503	-0.10594	-0.22427	-0.0645	-0.10769	-0.29881	-0.2043	-0.06312	-0.46369	-0.13163	-0.07897

资料来源：本研究绘制。

我们可以观察到在 200 米半径范围内最大值，水果店、住宅、商务住宅、餐饮、交通站点、港口、教育机构、邮局等分布得比较均匀，相关性比较接近。反映出这些业态和生活空间需求功能与行为活动范围比较接近，也更加具有普遍性，适应 200 米的半径范围。而教堂、庙宇、中介、体育休闲商店、汽车维修、医疗等业态则因为需求的范围及对应的出行方式，则呈现出比较低的相关性，如图 5 - 21 所示。

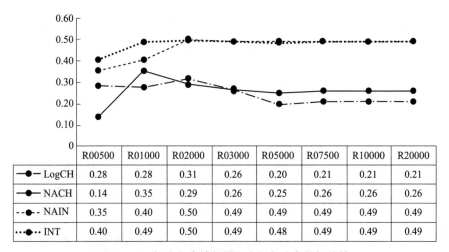

	R00500	R01000	R02000	R03000	R05000	R07500	R10000	R20000
—●— LogCH	0.28	0.28	0.31	0.26	0.20	0.21	0.21	0.21
—●— NACH	0.14	0.35	0.29	0.26	0.25	0.26	0.26	0.26
--●-- NAIN	0.35	0.40	0.50	0.49	0.49	0.49	0.49	0.49
···●··· INT	0.40	0.49	0.50	0.49	0.48	0.49	0.49	0.49

图 5 - 21　标准化店铺数量和空间句法参数相关性

资料来源：本研究绘制。

根据标准化店铺数量和空间句法参数相关性分析，分析结果显示店铺数量与整合度系数相关性较好，并在 2 000 米达到峰值。

但是根据 200 米半径范围平均值，医疗、港口、汽车维修则呈现出比较高的相关性。与此类业态的落点位置和交通方式有比较大的关联，也反映出和周边生活空间需求紧密度的联系。结合大三巴、营地大街、下环街、高士德大马路等四个代表区域，具体分析，如表 5 - 11 和表 5 - 12 所示。

4. 回归模型分析

经过上述标准化店铺数量和空间句法参数相关分析得出，店铺数量与半径为 1 千米的整合度相关性最高，组成一元回归方程 $y = 0.0012x + 0.5827$，R 方值为 0.14，不是很高。引入街道形态参数街道宽度，组成多元回归方程，

表 5-11 2020 年澳门历史城区 500 米半径各类业态 R 方值分析

项目	参数	庙宇	教堂	公厕	住宅	商务住宅	便民店	体育休闲	中介	汽车维修	教育	港口	医疗	水果	餐饮	邮局	摩托车	交通站点
	choice00500	-0.53	-0.40	-0.37	-0.13	-0.20	-0.28	-0.33	-0.35	-0.47	-0.25	-0.18	-0.72	0.00	-0.19	-0.41	-0.26	-0.22
	choice01000	-0.60	-0.45	-0.45	-0.16	-0.24	-0.35	-0.37	-0.38	-0.50	-0.29	-0.15	-0.78	-0.03	-0.22	-0.47	-0.19	-0.24
	choice02000	-0.62	-0.45	0.44	-0.15	-0.26	-0.41	-0.39	-0.39	-0.49	-0.29	-0.14	-0.82	-0.12	-0.22	-0.52	-0.12	-0.25
	choice03000	-0.60	-0.41	0.42	-0.13	-0.23	-0.40	-0.36	-0.35	-0.45	-0.25	-0.15	-0.78	-0.15	-0.20	-0.52	-0.13	-0.22
	choice05000	-0.62	-0.42	-0.42	-0.14	-0.23	-0.42	-0.35	-0.33	-0.43	-0.25	-0.12	-0.74	-0.18	-0.20	-0.51	-0.10	-0.22
	choice07500	-0.64	-0.41	-0.42	-0.13	-0.22	-0.43	-0.36	-0.33	-0.42	-0.24	-0.08	0.72	-0.19	-0.20	-0.53	-0.10	-0.21
	choice10000	-0.64	-0.41	-0.42	-0.13	-0.22	-0.43	-0.36	-0.33	-0.42	-0.24	-0.08	-0.72	-0.19	-0.20	-0.53	-0.10	-0.21
	choice20000	-0.64	-0.41	-0.42	-0.13	-0.22	-0.43	-0.36	-0.33	-0.42	-0.24	-0.08	-0.72	-0.19	-0.20	-0.53	-0.10	-0.21
500 米半径范围内最大值	NACH00500	-0.35	-0.39	-0.31	-0.11	-0.17	-0.16	-0.26	-0.23	-0.33	-0.25	-0.35	-0.58	-0.01	-0.14	0.03	-0.06	-0.17
	NACH01000	-0.30	-0.22	-0.29	-0.17	-0.18	-0.17	-0.30	-0.37	-0.41	-0.29	-0.23	-0.70	0.01	-0.18	-0.06	0.02	-0.21
	NACH02000	-0.55	-0.41	0.43	-0.19	-0.25	-0.39	-0.34	-0.38	-0.51	-0.30	-0.17	-0.82	-0.13	-0.22	-0.34	-0.01	-0.24
	NACH03000	-0.56	-0.39	-0.39	-0.13	-0.22	-0.37	-0.32	-0.33	-0.44	-0.24	-0.16	-0.77	-0.11	-0.18	-0.46	-0.11	-0.21
	NACH05000	-0.59	-0.39	0.42	-0.13	-0.23	-0.40	-0.35	-0.33	-0.42	-0.24	-0.13	0.74	-0.19	-0.19	-0.51	-0.10	-0.21
	NACH07500	-0.60	-0.40	-0.42	-0.13	-0.23	-0.42	-0.35	-0.32	-0.42	-0.24	-0.11	0.72	-0.20	-0.20	-0.52	-0.10	-0.21
	NACH10000	-0.60	-0.40	-0.42	-0.13	-0.23	-0.42	-0.35	-0.32	-0.42	-0.24	-0.11	-0.72	-0.20	-0.20	-0.52	-0.10	-0.21
	NACH20000	0.05	0.08	0.02	0.07	0.03	-0.06	0.03	0.05	0.04	0.02	0.39	0.09	-0.12	0.02	-0.17	-0.01	0.03

续表

项目	参数	庙宇	教堂	公厕	住宅	商务住宅	便民店	体育休闲	中介	汽车维修	教育	港口	医疗	水果	餐饮	邮局	摩托车	交通站点
500米半径范围内平均值	NAIN00500	-0.16	-0.06	-0.20	-0.01	-0.06	-0.20	-0.14	-0.08	-0.13	-0.09	0.41	-0.21	-0.22	-0.05	-0.35	0.07	-0.06
	NAIN01000	-0.32	-0.19	-0.32	-0.07	-0.13	-0.29	-0.25	-0.19	-0.25	-0.17	0.17	-0.44	-0.24	-0.11	-0.42	0.10	-0.13
	NAIN02000	-0.29	-0.15	-0.26	-0.02	-0.11	-0.24	-0.20	-0.15	-0.21	-0.11	0.12	-0.44	-0.18	-0.09	-0.63	-0.07	-0.10
	NAIN03000	-0.34	-0.20	-0.33	-0.05	-0.14	-0.30	-0.26	-0.20	-0.26	-0.15	0.05	-0.50	-0.22	-0.12	-0.56	-0.01	-0.14
	NAIN05000	-0.30	-0.15	-0.26	-0.02	-0.11	-0.24	-0.20	-0.15	-0.21	-0.11	0.12	-0.45	-0.17	-0.09	-0.63	-0.07	-0.10
	NAIN07500	-0.30	-0.15	-0.26	-0.02	-0.11	-0.24	-0.20	-0.15	-0.21	-0.11	0.12	-0.44	-0.18	-0.09	-0.63	-0.07	-0.10
	NAIN10000	-0.29	-0.15	-0.26	-0.02	-0.11	-0.24	-0.20	-0.15	-0.21	-0.11	0.12	-0.44	-0.18	-0.09	-0.63	-0.07	-0.10
	NAIN20000	-0.60	-0.40	-0.42	-0.13	-0.23	-0.42	-0.35	-0.32	-0.42	-0.24	-0.11	-0.72	-0.20	-0.20	-0.52	-0.10	-0.21
	INT00500	-0.34	-0.26	-0.25	-0.02	-0.12	-0.17	-0.22	-0.19	-0.32	-0.14	-0.07	-0.50	0.06	-0.11	-0.40	-0.26	-0.13
	INT01000	-0.39	-0.26	-0.29	-0.03	-0.14	-0.22	-0.25	-0.21	-0.34	-0.15	-0.08	-0.60	-0.03	-0.12	-0.44	-0.23	-0.14
	INT02000	-0.38	-0.24	-0.31	-0.02	-0.14	-0.25	-0.25	-0.18	-0.31	-0.14	-0.09	-0.55	-0.14	-0.11	-0.53	-0.15	-0.14
	INT03000	-0.38	-0.21	-0.31	-0.03	-0.14	-0.27	-0.24	-0.18	-0.27	-0.14	0.01	-0.55	-0.15	-0.11	-0.62	-0.11	-0.13
	INT05000	-0.35	-0.18	-0.29	-0.03	-0.13	-0.28	-0.22	-0.17	-0.23	-0.12	0.13	-0.49	-0.19	-0.10	-0.65	-0.08	-0.11
	INT07500	-0.30	-0.15	-0.26	-0.02	-0.11	-0.24	-0.20	-0.15	-0.21	-0.11	0.12	-0.44	-0.18	-0.09	-0.63	-0.07	-0.10
	INT10000	-0.29	-0.15	-0.26	-0.02	-0.11	-0.24	-0.20	-0.15	-0.21	-0.11	0.12	-0.44	-0.18	-0.09	-0.63	-0.07	-0.10
	INT20000	-0.29	-0.15	-0.26	-0.02	-0.11	-0.24	-0.20	-0.15	-0.21	-0.11	0.12	-0.44	-0.18	-0.09	-0.63	-0.07	-0.10

资料来源：本研究绘制。

表5-12　2020年澳门历史城区500米半径各类业态相关系数分析

项目	参数	庙宇	教堂	公厕	住宅	商务住宅	便民店	体育休闲	中介	汽车维修	教育	港口	医疗	水果	餐饮	邮局	摩托车	交通站点
500米半径范围内最大值	choice00500	0.2825	0.1586	0.1340	0.0176	0.0418	0.0777	0.1100	0.1203	0.2235	0.0627	0.0318	0.5198	0.0000	0.0353	0.1645	0.0700	0.0481
	choice01000	0.3594	0.2019	0.2061	0.0259	0.0591	0.1198	0.1369	0.1459	0.2459	0.0821	0.0227	0.6086	0.0009	0.0471	0.2214	0.0375	0.0579
	choice02000	0.3851	0.2050	0.1980	0.0220	0.0668	0.1658	0.1526	0.1518	0.2397	0.0814	0.0191	0.6658	0.0154	0.0495	0.2685	0.0138	0.0619
	choice03000	0.3605	0.1701	0.1757	0.0163	0.0535	0.1571	0.1288	0.1205	0.2021	0.0643	0.0215	0.6103	0.0211	0.0392	0.2748	0.0165	0.0495
	choice05000	0.3878	0.1724	0.1776	0.0185	0.0518	0.1761	0.1260	0.1089	0.1862	0.0613	0.0146	0.5492	0.0337	0.0400	0.2559	0.0105	0.0475
	choice07500	0.4138	0.1716	0.1740	0.0178	0.0498	0.1869	0.1273	0.1060	0.1732	0.0595	0.0067	0.5164	0.0365	0.0403	0.2818	0.0099	0.0459
	choice10000	0.4138	0.1715	0.1739	0.0178	0.0498	0.1869	0.1273	0.1060	0.1732	0.0595	0.0067	0.5163	0.0365	0.0403	0.2819	0.0099	0.0459
	choice20000	0.4138	0.1715	0.1739	0.0178	0.0498	0.1869	0.1273	0.1060	0.1732	0.0595	0.0067	0.5163	0.0365	0.0403	0.2819	0.0099	0.0459
	NACH00500	0.1239	0.1523	0.0953	0.0118	0.0280	0.0255	0.0679	0.0548	0.1061	0.0616	0.1260	0.3346	0.0001	0.0203	0.0007	0.0031	0.0297
	NACH01000	0.0921	0.0475	0.0837	0.0306	0.0330	0.0276	0.0907	0.1333	0.1647	0.0839	0.0518	0.4839	0.0001	0.0318	0.0031	0.0006	0.0450
	NACH02000	0.3065	0.1669	0.1845	0.0357	0.0605	0.1486	0.1185	0.1478	0.2581	0.0891	0.0305	0.6760	0.0157	0.0476	0.1148	0.0001	0.0598
	NACH03000	0.3122	0.1518	0.1517	0.0159	0.0467	0.1339	0.1036	0.1078	0.1966	0.0594	0.0259	0.5908	0.0112	0.0340	0.2162	0.0130	0.0458
	NACH05000	0.3431	0.1546	0.1772	0.0167	0.0517	0.1610	0.1242	0.1068	0.1781	0.0586	0.0178	0.5489	0.0350	0.0377	0.2590	0.0109	0.0456
	NACH07500	0.3647	0.1611	0.1750	0.0166	0.0513	0.1738	0.1232	0.1034	0.1738	0.0562	0.0116	0.5211	0.0398	0.0383	0.2674	0.0095	0.0455
	NACH10000	0.3647	0.1611	0.1749	0.0166	0.0513	0.1738	0.1232	0.1034	0.1738	0.0561	0.0116	0.5209	0.0398	0.0383	0.2676	0.0095	0.0455
	NACH20000	0.0023	0.0057	0.0005	0.0053	0.0007	0.0032	0.0011	0.0025	0.0018	0.0006	0.1513	0.0075	0.0155	0.0003	0.0286	0.0001	0.0007

续表

项目	参数	庙宇	教堂	公厕	住宅	商务住宅	便民店	体育休闲	中介	汽车维修	教育	港口	医疗	水果	餐饮	邮局	摩托车	交通站点
500米半径范围内平均值	NAIN00500	0.0271	0.0032	0.0384	0.0002	0.0039	0.0393	0.0190	0.0069	0.0176	0.0072	0.1685	0.0449	0.0475	0.0030	0.1206	0.0052	0.0034
	NAIN01000	0.1029	0.0358	0.1047	0.0046	0.0179	0.0857	0.0633	0.0364	0.0610	0.0276	0.0295	0.1917	0.0564	0.0130	0.1737	0.0102	0.0166
	NAIN02000	0.0870	0.0219	0.0689	0.0003	0.0127	0.0599	0.0413	0.0225	0.0446	0.0117	0.0142	0.1966	0.0321	0.0076	0.3937	0.0049	0.0105
	NAIN03000	0.1179	0.0418	0.1074	0.0023	0.0208	0.0884	0.0686	0.0381	0.0694	0.0238	0.0022	0.2505	0.0464	0.0136	0.3125	0.0001	0.0188
	NAIN05000	0.0875	0.0217	0.0687	0.0002	0.0128	0.0583	0.0412	0.0227	0.0444	0.0117	0.0139	0.2006	0.0305	0.0076	0.3927	0.0056	0.0105
	NAIN07500	0.0870	0.0220	0.0690	0.0003	0.0127	0.0600	0.0414	0.0225	0.0447	0.0117	0.0142	0.1967	0.0321	0.0076	0.3936	0.0049	0.0106
	NAIN10000	0.0870	0.0219	0.0689	0.0003	0.0127	0.0599	0.0413	0.0225	0.0446	0.0117	0.0142	0.1966	0.0321	0.0076	0.3937	0.0049	0.0105
	NAIN20000	0.3647	0.1611	0.1749	0.0166	0.0513	0.1738	0.1232	0.1034	0.1738	0.0561	0.0116	0.5209	0.0398	0.0383	0.2676	0.0095	0.0455
	INT00500	0.1156	0.0650	0.0650	0.0003	0.0145	0.0295	0.0481	0.0364	0.1038	0.0200	0.0043	0.2543	0.0034	0.0117	0.1618	0.0665	0.0166
	INT01000	0.1519	0.0676	0.0855	0.0010	0.0196	0.0498	0.0623	0.0448	0.1167	0.0220	0.0072	0.3562	0.0007	0.0150	0.1911	0.0509	0.0208
	INT02000	0.1473	0.0534	0.0985	0.0005	0.0197	0.0627	0.0646	0.0341	0.0980	0.0197	0.0075	0.3056	0.0183	0.0126	0.2760	0.0214	0.0190
	INT03000	0.1437	0.0462	0.0959	0.0007	0.0200	0.0726	0.0599	0.0318	0.0710	0.0188	0.0001	0.2990	0.0226	0.0117	0.3832	0.0126	0.0161
	INT05000	0.1206	0.0318	0.0867	0.0007	0.0172	0.0763	0.0499	0.0275	0.0517	0.0143	0.0173	0.2366	0.0376	0.0099	0.4226	0.0057	0.0129
	INT07500	0.0870	0.0219	0.0689	0.0003	0.0127	0.0599	0.0413	0.0225	0.0446	0.0117	0.0142	0.1966	0.0321	0.0076	0.3937	0.0049	0.0106
	INT10000	0.0870	0.0219	0.0689	0.0003	0.0127	0.0599	0.0413	0.0225	0.0446	0.0117	0.0142	0.1966	0.0321	0.0076	0.3937	0.0049	0.0105
	INT20000	0.0870	0.0219	0.0689	0.0003	0.0127	0.0599	0.0413	0.0225	0.0446	0.0117	0.0142	0.1966	0.0321	0.0076	0.3937	0.0049	0.0105

资料来源：本研究绘制。

修正后的 R 方值达到 0.38，可以用来预测店铺数量，回归方程为 $y = 0.02 \times x1 + 0.002 \times x2 + 0.237$，如表 5 - 13 和表 5 - 14 所示。

表 5 - 13　　　　　　　　　　　　一元回归方程

SUMMARY OUTPUT

回归统计	
Multiple R	0.3737503
R Square	0.1396893
Adjusted R Squar	0.1371364
标准误差	0.2723015
观测值	339

方差分析

	df	SS	MS	F	Significance F
回归分析	1	4.0573066	4.0573066	54.7189449	1.1145E-12
残差	337	24.987915	0.0741481		
总计	338	29.045221			

	Coefficients	标准误差	t Stat	P-value	Lower 95%	Upper 95%	下限 95.0%	上限 95.0%
Intercept	0.5857061	0.0512338	11.432022	8.4907E-26	0.48492769	0.6864844	0.4849277	0.6864844
INT R1000	0.0012271	0.0001659	7.3972255	1.1145E-12	0.0009008	0.0015534	0.0009008	0.0015534

资料来源：本研究绘制。

表 5 - 14　　　　　　　　　　　　二元回归方程

SUMMARY OUTPUT

回归统计	
Multiple R	0.6341467
R Square	0.402142
Adjusted R Squar	0.3896866
标准误差	0.2271446
观测值	99

方差分析

	df	SS	MS	F	Significance F
回归分析	2	3.3316345	1.6658173	32.2866208	1.8911E-11
残差	96	4.9530875	0.0515947		
总计	98	8.284722			

	Coefficients	标准误差	t Stat	P-value	Lower 95%	Upper 95%	下限 95.0%	上限 95.0%
Intercept	0.2370841	0.102314	2.3172205	0.02261675	0.03399241	0.4401758	0.0339924	0.4401758
street width	0.0200325	0.0087011	2.3023068	0.02347821	0.00276104	0.037304	0.002761	0.037304
INT R1000	0.0020519	0.0002566	7.9967951	2.8858E-12	0.00154255	0.0025612	0.0015426	0.0025612

资料来源：本研究绘制。

　　基于空间句法的调研数据，结合实地调研，可以更加深入、全面地了解具体到历史城区生活空间活力中心变化的每一个细节，以及变动背后的缘由。

　　通过对于澳门历史城区生活空间的标准化店铺数量和空间句法参数相关性分析，我们可以发现一个比较特殊的现象，店铺数量与整合度系数相关性，并在 2 000 米达到峰值。在结合街道宽度后，分析空间句法参数的相关性，会达到一个比较好的相关性。通过 200 米半径和 500 米半径各类业态与空间句法参数（Nach、Choice、Nain、Int）相关系数分析可以发现，澳门历史城区生活空间的活力中心和街道空间形式有着紧密的关联，如表 5 – 14 所示。因此可以在后续的历史城区开发中，保护和更新小半径的服务业态，并增强街道的连接度。

　　基于以上空间句法实测的基础上，以空间句法理论结合人类学、社会学的调研方法，对于当下历史城区生活空间重心外溢、部分街区活力衰减的现况进行深入访谈，通过对老城区居民的访谈和问卷，基本上与空间句法运算数据的吻合度呈现出一致的趋向。

第六章

澳门历史城区生活空间的影响机制

从城市形态学的角度出发，结合商业店铺的落位，不同层级的交通网络形态、城市职能、地理位置等要素构建城市活力的影响指标体系。通过空间句法理论和实测分析，试图客观地看待历史城区的中心活力变迁，从空间形态的角度去理解空间肌理、网络、层级对于历史城区中心活力的支撑作用，以及变迁背后内部动因及外部环境的互动关系。本章研究澳门历史城区生活空间的影响机制，主要从空间效率、界面逻辑和组织策略这三个方面展开。

一、历史城区生活空间的空间效率

根据澳门 2014～2020 年的商业数量及其变化显示，人口密度和街道宽度等传统以距离为基础的变量在阐明生活空间活力中心的空间逻辑方面，以空间句法拓扑形态参数的相关性更为合理和客观，接近现实调研的吻合优化。

城市级和小区级商业落位分布印证了在空间结构中尺度属性与功能类型的匹配关联性，前者主要依托于大尺度拓扑可达性，后者则对小尺度拓扑可行性依托较强。例如，营地大街，通过 200 米细分业态小区生活服务功能的平均间距和城市步行可达性的分析，整合居民便捷性与商户盈利性的多元需求以及对商业等级的客观把控，反映出小区级商业分布对社会聚集的凝聚力最大，其次则是街道尺度等局部空间要素，小尺度拓扑形态参数均与以上各项关联。

综合上述分析表明，城市中商业功能受街道网络中拓扑空间结构作用明显，其变化较缓慢，能在较长时间内自组织调节以维持空间结构同构：高盈利的城市级商业优先占据了大尺度连接的空间，空间联系逐步减弱时，小尺度空间的连接性作用增强，城市级商业逐渐被小区级商业置换（新马路两侧的街区即属此例）。社会聚集则是临时偶发的现象，空间结构对其作用呈间接性与潜在性，小区的商业分布与街道的宽窄等稳定现象更易对其产生影响。由此表明，以提升街道空间活力为落点，根据拓扑空间结构，优化商业功能与设计街道设施，有助于建立定量预测的设计指标，根据居住者的数量，进行量化预测，以满足各街道的适当店铺类型和数量，以及有效聚集居民数量，适应生活空间便利性和收益性的多样化需求。

1. 不同层级依赖的业态不同

不同层级依赖的业态不同，规模较大的商业设施，如大型购物商业中心等的局部和全局效率都较低；街市和商业步行街的局部和全局效率处于中间位置，不过分偏高或偏低，较为适中；小摊贩、百货店、典当行、中小商铺这类中小规模的商业设施则兼具较高的全局与局部效率；服务于小区的商业设施局部效率偏高，处于局部的空间中心，而全局效率则较低，如小型果蔬店、粮油便利店等。这说明规模越小的商业业态，需要选择较好的地段，特别是依赖局部位置较好的地方。

澳门历史城区中，很多小商业都是家庭作坊、家庭式经营。以裕利饼家为例，它从开业至今的店铺落点的变迁位置一直都遵循寻找人流量相对较高，且街巷连接度较好的位置。其最早在海边新街 159 号售卖咸鱼、虾蟹、蚝油等，从 1950 年开始，以制作唐饼和礼饼为业，店铺也迁徙至新马路 130 号一栋三层高的建筑里面，售卖的货品也从虾蟹转到牛肉干，再逐步以饼食为主。最兴旺的时候是 20 世纪六七十年代在内港附近的海边新街，客人大部分主要来自附近码头停泊的大船，他们上岸后就会购物，店铺所处的位置是客人们的必经之路，人流十分畅旺。现在由于港口优势地位的改变，码头主要营运货运，人流量骤减，搬迁到新的活力中心"新马路"一带[1]。

2. 消费服务人群的影响

从消费和服务人群的影响因素来看，澳门钟表、首饰、服装具有较高的全局构成效率，和生活空间所处的大环境整体骨架脉络接近。水果店、小卖部、文具店、电玩小店则具有较高的局部构成效率，对于区位整体全局度的

---

① 林钦发. 小店忆旧［M］. 桂林：广西师范大学出版社，2019：1 - 132.

要求偏低，主要通过邻里关系维系，对于局部的中心依赖性较强，这类业态更靠近局部中心，与小区人群也更为贴近。

空间功能分布的区位对通常拥有固定消费人群的服饰、钟表等行业影响程度较弱。理发、美甲、美容则更加靠近城市整体骨架和局部中心的综合地带，接近交通便利、可达性强，但是又偏向内部一点的空间区位，如小区中心的附近，在位置和铺租之间达到一个很好的平衡。汽车维修则比较特殊，往往集聚在某一区域，城市整体的结构，但是并不靠近局部中心，服务半径较大，甚至能服务到较远的人群。书店、古董店的分布状态则呈现出不管是对于整体全局或者局部中心，依赖度并不高，往往是因为他们服务特定的某一类人群。但是相近的业态也会出现小范围的聚集，在某一条街出现的多家近似业态的情况发生。

3. 交通方式与空间效率

交通出行与城市职能和商业分布的定位及功能具有明确的相关性。连接性较好的空间网络可以激发历史城区交通的吸引力，从而启动各个业态自身在所处位置的商业潜力。通过空间句法的量化分析及可视化表达，澳门历史城区生活空间在不同业态及多层级尺度半径下的行为模式得以清晰呈现，展现出不同时期各具特色的动态变化，这对于激发澳门历史城区生活空间的活力具有重要的借鉴意义。

单纯增加或改变路网密度，并不能有效激发城市活力，因为城市的空间结构发展并非均质化。为了在不同尺度上实现空间整合性的平衡，并优化空间功能分布、可达性及穿行度等行为模式，构建多层级、多尺度的良好空间网络关系显得尤为重要。分析揭示，教育机构等设施往往选址于小区中心附近，既交通便利又非主要交通集散点，深入居民区内部，这样的布局充分体现了其位置对居民生活的便利性。

在深入研究中，我们聚焦于业态功能如何随空间结构的变化而演变，并特别关注了不同规模城市和地级市网络对业态分布的影响。主要研究发现揭示，城市级网络形式主要承载了业态功能的聚集效应，而小区级网络则更多地服务于城市居民的日常生活需求，展现了不同层级网络在业态功能分配中的差异化作用。

从整体城市空间架构的视角来看，区块层级的中心呈现出趋于均衡和稳定的态势，其受交通形式的影响并不显著。当城市层级网络布局不规则时，那些在城市规模中连接更为紧密的区域，往往能够吸引更多的商业网点入驻。区域的穿行度越高，不仅反映出该区域的可达性越强，还预示着其收益潜力更大，从而更容易成为活力中心。基于这一观察，本研究通过对 2014 年至 2020 年间澳门历史城区生活空间的深入分析，提出了相应的行为机制，以揭示这一空间动态变化的内在逻辑。

小区层级、城市层级、高速及国道层级网络呈现出不同的交通网络及层级，同空间句法的穿行度（NACH）200 米、5 000 米、10 000 米的资料分析基本吻合，反映出随着经济和交通的发展，受城市层级或局域层级的业态受到网影响的商业分布差异越来越明显，不同尺度通过空间网络的组织发挥内在平衡机制，通过空间效率来达到最优，并非通过简单的空间单位来衡量。

4. 空间形态的作用力

通过对于上述各类小商业业态的分析，可以观察到空间形态对于盈利的功能分布有着显著的影响。餐饮、商业的分布模式同时受到了全局和局部空间构成比较关键的影响，其中，餐饮业虽然分布面积广，最易被局部空间构成所影响，而全局的空间构成对商业，特别是高端商业聚集的作用更为明显。

（1）澳门历史城区空间形态对于多层级尺度下的影响。

澳门历史城区空间形态对于多层级尺度下的每一种业态的影响也不一样。小卖部、便利店等此类小商业，对局部空间构成更为依赖，它们的成功与周边的空间结构关联甚密，它们不仅所处的位置是局部空间较好的，而且是可达性和理解度比较高的区域。理发店、美容护理店不仅受到局部空间构成的影响，整体空间的架构也起到了全局的影响作用，但是显著度、关联度没有那么明显。

相对一些中小型，略具规模的商业，受到的影响主要来自全局空间架构，整个历史城区的轴线脉络显得尤其关键。紧邻新马路的知名购物中心如八佰伴等商业中心，本身的标志性、识别性在很大程度上会减弱空间构成所带来的影响。小区级中小型商业（小卖部、水果店、各种中介等）所构成的城市活力中心，一般来说，它们会占据区位较好的空间，相关度数值也会较高。

综上所述，围绕不同尺度城市层级、区块层级与局域层级网络对商业的影响，空间结构变化影响商业功能的转变。城市全局尺度体现出时间跨度长、精度低、案例丰富的实证案例，局部尺度则提供了时间跨度短、精度高、案例少的实证研究。依据尺度的不同，城市与局域尺度网络对商业的影响作用可总结为如下几点。

其一，城市层级、区块级与区域层级网络形态对商业功能聚集有着不同效用，前两者为搬运作用，后者则起到容纳作用。不规则的城市层级网络使得众多商业落位在城市尺度联系更佳的区域所吸引，而伴随经济发展城市层级网络形态趋向网络化，如今更多地呈现为提供均布的机会。相对地，为获取更多容纳与利用商业聚集与落位的机会，小区级网络中形态与密度至关重要，形态规整、路网密度高的街道拥有更多商业聚集的能力。

其二，依据街区尺度，空间句法参数与各案例区域内交通流量呈较高关联性，但各案例对于依赖的层级网络类别存在差异性。城市级与小区层级网络呈形式一致时，商业分布态势呈现出由外向内渗透的空间机制，两者形式相分离时，局域层级网络对商业分布的作用力更为明显，表现为由内向外的发展。根据澳门半岛的商业分布和交通的关联，可以看到历史城区生活空间正呈现这一趋势。

其三，以 2014～2020 年三个案例区演变结果呈现出其行为机制，各区域的商业机会因于城市层级网络的发展而随之发展，且在对外渗透性较强的街道（营地大街、下环）或局域范围连接性强的街道（大三巴）中表现尤为显著。经济与交通的发展使得一极化势态明显，城市或局域层级网络作用下，整个历史城区内商业分布差异性增强。

（2）各类生活空间业态商业分布规律分析。

体现距离规律的核心指数是各类业态的千人需求指数，参照百度热力地图，针对小区级商业的分析，发现各街道以 1 千米半径的人口数量来核算街道宽度。小商业的业态，从调研中可以发现，各类型的分布平均间距均小于500 米。其中，"餐饮类型""小卖类型（小百货店、超市）""小家电""生活服务类型（美容美发、地产中介）""港口码头""汽车服务"等八种类型具有较高的数量及覆盖率，落点位置便利性强；如花店、书店、邮局店，需求数量有限，覆盖分散，标志性识别度较弱。在整体业态分布图及空间句法的分析图中，可以看到澳门历史城区东南部的区域，覆盖率高，生活业态分布普遍较低，这和这一带以高端别墅区的属性有直接关联。

在此部分研究中，体现了澳门历史城区生活空间中，居民对于和生活相关的业态的需要求重点，可达性、便利性属于核心需求。除此之外，足够的空间流量支持，是这些商业持续存在的核心条件。因此各类业态在街巷中分布的拓扑规律、复合规律，是对于这些业态产生重要影响的核心因素。

第一，拓扑规律。根据以上商业总量的回归分析的成果，继续沿用相同的手法来细分各类业态在街道上对大小两个尺度的可达性。在分析的八类业态中，"汽车维修"一类呈现离散的状态。观察剩余的八种业态类型在不同半径范围的可达性街道的分布情况发现，医疗（特别是中医馆）、书店、宠物店在大尺度和小尺度的可达性数值都趋向偏低，位置往往在比较偏僻的区域；而街巷中的地产中介、美容美发都往往占据小区交通比较重要的位置，在大小两种尺度的可达性中，整体参数较高。

第二，复合规律。通过对于可达性、步行尺度可达性和业态种类等三种参数的综合城市尺度综合分析，可以更为深入地剖析各类业态同空间属性的依存关系，并作为各类业态落位的基础分析依据。我们把目前分析资料分为四类：

第一类，步行尺度和可达性都很高的区域。通过 2020 年的 GIS 业态功能核密度分析图，我们可以观察到小杂货店、超市整体分布状态比较均匀。也反映了这类业态和生活日常需求的相关性很高。业态的数量和平均间距，都能够匹配到步行尺度的空间，落点也具有很高的可达性。可以反映出步行尺度空间可以用于筛选特定生活空间业态的层级差异。整体业态依然集中在历史城区的内部，证明此类业态对于步行尺度和可达性的适应性比较强，虽然历史城区城市功能不断地产生演变，但是此类业态趋于稳定，适应性很强，也成为历史城区生活空间的主要载体。

第二类，医疗点、中医馆、诊所所在的位置相对没有那么突出的特征，处于一种"酒香不怕巷子深"的位置，对于可达性和步行尺度的半径范围，相关性没有那么紧密。业态的落点，很多是延续历史上的位置，在空间上也达到了一种文化的传承。这种传承性的选择不仅反映了城市的历史积淀，也为城市营造了独特的文化氛围和身份认同。

第三类，区域内的业态（如钓具、花店、眼镜店）对于可达性的依赖最低，这些业态普遍依靠的是邻里关系，街坊生意的维系。并不依赖于"流"的逻辑，表现出极强的"目的性"特质。特定业态的便捷性与盈利势态的差异可由可达性与千人需求指数来判定。步行尺度可达性考虑了人们以步行方式到达目的地的能力。这有助于识别那些适合步行的业态，比如咖啡馆、小型便利店等，它们应当位于人口密集、步行友好的区域，以提供便利的服务。

第四类，将各类业态的拓扑规律与距离规律综合分析有助于找到内在逻辑规律，有助于了解不同业态对于各类空间规律的依赖。更为精细地分析业态落位状态，为店铺的盈利性和便利性的综合指标提供有效依据。通过分析不同业态周边的交通网络、交通方式多样性以及人流量分布，可以确定业态的适宜位置。例如，零售业态可能受益于高人流的地段，而文化设施可能更适合在文化聚集区域。

综合考虑可达性、步行尺度可达性和业态种类等参数的城市尺度综合分析，有助于深入剖析不同业态与空间属性之间的关系，并为业态的合理落位提供基础分析依据，进而优化城市规划和发展。有助于优化城市规划和发展，避免业态重叠、过度竞争，提升城市内各类业务的共生效应。通过科学地结合可达性、步行尺度可达性和业态种类等参数，城市规划者和决策者可以更准确地确定每个业态的最佳位置，促进城市的可持续发展和繁荣。

二、历史城区生活空间的组织策略

1. 城市演变对生活空间的影响

城市由于建筑和人之间微妙的互动关系，使其本身就存有着复杂的结构和功能。城市生活空间的活力变迁，不管在其中的业态如何改变，始终保持着利润越高的业态永远占据着流量和等级性越高的街道。美国著名城市规划理论家刘易斯（LewisM，1966）认为城市的主要贡献和作用，在于人以保存和发展社会文化为主，本质上城市从一开始就是控制的中心。这一精辟的观点，已经成为当下城市史学研究的重要结论之一。

城市演变过程中人群、生产工具、资本和生活之间的互动及关系，是研究之前必须阐明的部分。澳门由于距离广州很近，具有交换货物所需要的固定地点，这也是澳门半岛得以产生优势的最主要原因。使得澳门存在着非常复杂且包容的内在结构。

澳门城市基本上就是基于港口贸易、产业链运作的需要，根据为产业链服务的不同人群的生活习性和文化，且在一种非常独特的世界政治框架下，由多方面平衡和调节而成的一个中西文化结合奇特的综合体。商业文化是澳门最明显的文化特征，实现商业利益就是其建立和发展最主要的追求，这也对未来澳门城市的定位产生一定的影响。

事实上，空间组织形态的选择对城市经济的影响是一个比较复杂的问题，由层级结构组织起来的城市街道空间并不证明对城市经济发展或政权的资本积累起到促进作用。历史城区街区中随意停放的车辆和违章建设的商铺都显示出这种空间结构增加了管控的成本。与在城市和大区域尺度迅速网格化的空间形态相比，这种"深空间"甚至成为了一种当地居民或城市弱势群体的抵抗。随着政府工作的导向从单纯地增加国民经济生产总值到维护社会的和谐发展，这类空间更凸显出其重要的社会价值。①

2. 生活空间的服务功能组织

随着现代信息科学、大数据、云计算以及人工智能等前沿技术的迅猛发展，人类社会正经历着一场深刻的数字化转型，"网络"这一概念已远远超出了其最初的技术范畴，逐渐演变成为一种跨学科的认知范式，深刻影响着我们对世界，包括对澳门历史城区这样具有独特文化价值与历史底蕴的城市区域的认知方式。在这一背景下，澳门历史城区不再仅仅被视为一个孤立的城市空间，而是被置于全球网络城市的视角下进行审视。这种"建立联系"的策略，促使我们超越地理界限，通过信息流动、资本流动、文化交流等多维度联系，重新理解和评估其在全球网络中的位置与角色。澳门，作为东西方文化交会的桥头堡，其历史城区的独特魅力在全球网络城市中显得尤为耀

---

① 盛强. 流体的城市——空间句法北京实证研究案例 [M]. 北京：中国建筑工业出版社，2017：143.

眼，成为了连接不同文化、促进经济交流的重要节点。

英国城市地理学家泰勒（2010）提出的"中心流理论"，为理解这一转变提供了有力的理论支撑。该理论不仅分析了世界主要城市之间通过跨国公司网络形成的链接性差异，更重要的是，它挑战并拓展了传统的中心地理论。泰勒指出，中心流理论聚焦于"大尺度范围的、高端的、创新性的、动态的"经济网络联系，这些联系超越了地理上的邻近性，强调了全球范围内资源的优化配置与创新能力的快速传播。相比之下，传统的中心地理论则更多地关注"局部的、服务性的、传统的、稳定的"经济网络联系，它基于地理接近性和服务范围来界定城市的中心性。泰勒（2010）认为，这两种理论并非相互排斥，而是呈现出一种"互补"关系，共同构成了理解现代城市网络复杂性的多维度框架。

在泰勒的研究基础上，尼尔（2017）进一步拓展了这一领域的思考，提出了更为前瞻性的观点。他认为，从中心地理论到中心流理论的转变，不仅是学术理论上的演进，更是时代发展的必然趋势。随着全球化的深入发展和信息技术的革命性进步，城市之间的联系日益紧密，经济活动的空间分布更加灵活多变。因此，理解和规划城市的发展，必须超越传统的地域观念，以更加开放、包容、创新的视角来审视和应对全球网络城市带来的机遇与挑战。

在 20 世纪初期，城市的空间布局深受等级属性的影响，这种等级制度不仅塑造了城市的物理形态，也深刻地烙印在经济结构的每一个层面。然而，随着时代的进步，尤其是运动控制技术的飞速发展，这一传统的空间观念开始受到挑战，并最终被一种更为动态和灵活的关联性等级所取代。这一转变不仅反映了科技进步对城市空间结构的影响，也揭示了城市发展理念与方法的深刻变革。

运动控制技术的进步，特别是交通、通信领域的革新，极大地缩短了空间距离，促进了信息、资本和人员的快速流动。这种流动性的增强打破了原有空间等级的束缚，使得城市内部的经济活动不再严格受限于地理位置的远近，而是更加依赖于各经济单元之间的关联性。这种关联性可能基于产业链条的上下游关系、信息网络的互联互通、或是市场需求的动态匹配等多种因素。

在此背景下，传统的中心地空间模型显得力不从心。该模型虽然在一定程度上解释了城市内部商业功能的空间分布规律，但其基于静态、等级化的空间假设，难以捕捉到现代城市经济活动的复杂性和动态性。特别是当面对城市尺度下的商业分布时，中心地模型的分析能力更显不足。

相比之下，中心流理论虽然为理解城市经济网络提供了新的视角，但同样面临着空间模型不成熟的挑战。中心流理论强调经济联系的流动性和网络性，却尚未建立起一套完善的空间分析工具，以精确描述和预测城市尺度的商业分布模式。这在一定程度上限制了该理论在实际应用中的广度和深度。

"层级运动网络"强调了城市空间内部不同层级之间的运动联系和相互作用，揭示了城市经济活动在空间上的层次性和网络性特征。这一理论框架鼓励我们超越传统的中心地理论视角，不再仅仅关注静态的、等级化的空间布局，而是将城市视为一个动态演变的、由多个层级相互交织而成的运动网络。

在城市经济地理学的领域中，多层级服务功能的研究一直是一个重要的课题。早期的中心地理论确实为我们揭示了城市空间中活力中心的分布规律，这些活力中心往往围绕着生活服务功能区域展开，服务于广大居民的日常需求。然而，随着城市的发展和变迁，传统的中心地理论逐渐显露出其局限性，难以全面解释现代城市经济活动的复杂性和多样性。

研究中对于澳门历史城区生活空间从三个层级（大都市商圈—街市—小区级小商业）进行分类，对于其业态分布进行研究。我们发现如街市、小街市、小卖店、地产中介、美容美发、各类维修等功能多由个体经营，其空间分布体现着自组织的逻辑。正视这些空间的内在逻辑，可以更好地维护社会生活的基础持续盈利的作用，同时更合理地为小区便民服务。从规划的立场上这些街区形态肌理是不适用于现代城市的，澳门历史城区小尺度范围的街道空间组织为自组织经济的涌现和生存提供了很多经济生态栖位。它们构成了支持当地居民日常生活的活力空间网络，也是社会关系的一种紧密体现。

3. 社会整合下的生活空间形态

对澳门历史城区生活空间从形态角度进行的研究，其产生的观点对城市更新和发展有以下两点实践意义：第一，对界面效应的深入了解有利于为不同层级的经济和社会活动涌现提供适当的空间条件；第二，对城市中场所的产生和发展过程，以及使用者行为方面的认识可以进一步证明和强化在历史中形成的空间模式的价值，并明确它对当代设计的影响。

以澳门十月初五日马路（啊孟街）为代表的商业区变迁为例，这里曾经是澳门历史城区生活空间内城中最有人气的商业中心区之一。约百年前，原来十月初五街一带属于航道曲折的北湾和浅湾，后来由于城市建设用地需要，填海成陆地使航道得以拉直，并于沿岸边建设办公和售票一体的客轮码头，每遇客货运紧张，都会显得非常拥挤。澳门内港曾经是海上对外交通的枢纽，通往内地、香港以及离岛的客运或货运船只都会这里集中，同时也是本地渔船靠岸湾泊的码头，由此而带动了经济发展，使十月初五日街成为澳门当时最繁荣的街道之一。根据调研采访街道的老街坊所知，当时的十月初五街商业方式多样，除商铺以外，还有不少在街头摆摊售卖蔬果、生活用品甚至神香、大米和理发服务的摊档小贩。

在20世纪80年代，中国改革开放带来对外联系全面开放，内地居民的购买力被释放，临近澳门的居民涌入澳门买诸如电视、空调、风扇等家用电器和订制喜饼、特色手信（礼物）的市场，在当地形成了多种餐饮零售功能共生共存的局面。

到了1993年，随着十月初五日马路被水浸和大三巴旅游商圈完成升级的综合影响，十月初五日马路的吸引力日渐下降。尽管在近年来一直对该地区有所投入，但也始终未能重振其昔日的繁华。十月初五日马路虽然得到政府旅游开发的引导，游客的比例只有略微的抬升。但是这条往昔人头攒动、熙熙攘攘的城市活力中心，目前仍然没有再现往昔的繁华盛况。

从这个例子中我们还可以看出，在层级运动系统中占据多层中心性的地点在城市发展中更容易获得一定的稳定性。占据多层中心性意味着该地点可以同时支持不同级别功能的聚集，当其中某层空间连接发生问题时，该地区不至于完全丧失活力。从这个角度来讲，十月初五日马路是幸运的，它毕竟还能作为一个区块级别的活力中心存在，能够支持一个在下午逐渐热闹的街市。相似地，对澳门历史城区生活空间街市的分析也显示，绝大多数的街市也都至少在两个层级网络上占有较为中心的连接地位。

从街道空间形态来说，由规则网格构成的街道空间与大都市级别的路网叠加时更有利于服务于大都市尺度的功能渗入本地的街道肌理中。同样地，由规则网格构成的街道空间在空间句法的算法中也容易获得较高的整合度。但简单的网格系统并不能有效地聚集来自本地的流量，因此对小区级的活力聚集未必能起到积极的作用。因此，在城市的不同地区、不同类型的中心区，应该采用不同类型的路网结构，方能提供多种类型功能共存的富于活力的空间氛围。

事实上，从历史和文化保护的意图出发，在建筑和规划界一直不乏对旧城改造方向的探索，但这些呼吁往往停留在建筑和城市的形态控制层面，而缺乏对城市经济与社会层面的思考。随着近年来内城的绅士化趋势，越来越多的人认识到了旧城中心的价值并乐于为此支付高昂的费用，这些市场化的自下而上的更新进程客观上起到了增加各个社会阶层在空间分布上混合度的作用。

与之相反，促进不同阶层在公共空间中共处是更为有效的目标，可以从经济和社会等不同层面来实现各个阶层的整合。在这些市场和街道中，日常生活将这些处于不同阶层的社群联系在一起。理解这些空间特性的有效方式是从运动尺度层级出发来判定其中心等级，而社群尺度的中心则有助于形成本地的社群感，并通过意外经过的外来者来进一步强化本地社群的共识。从这个角度来讲，在澳门历史城区，简单的混合无视了不同社群间的差异，而简单的分离也人为地强化了差异。

当代城市中的社群并非像历史城市那样，可以通过历史城区—缓冲区—外城的圈层结构来划分，而是通过对不同运动控制技术的占领来实现。澳门历史城区依托新的交通技术，精英阶层获得的是更大的"机动力"，可以在更大的尺度范围使用城市资源，而弱势阶层则被遗留在了旧有的运动网络内，在技术发展的动态进程中处于末端。在这个彼此交织的网络体系里，兼容空间的作用便显得格外重要，它是不同阶层之间彼此可见可接触的媒介。[1]

从最简单的文化保护意义来讲，澳门历史城区中的街道空间结构本身也有重要的历史价值[2]。它们至今仍在承载着当地居民的生活方式，影响着他

---

[1]　盛强. 流体的城市——空间句法北京实证研究案例 [M]. 北京：中国建筑工业出版社，2017：141.

[2]　WANG PH and LI WC (2017) Protection and Development for Famous Historical and Cultural City Districts in MACAU. Journal of Environmental Protection and Ecology 18 (4)：1552 – 1559.

们对外部城市空间的态度。从这个角度来说，它们的存在自身就是活着的文化。然而，文化应该成为我们思考的起点而非终点，文化的形成过程是需要解释的，是受到空间环境影响的，空间不仅仅是社会的产物，更主动参与形成和固化了社会关系。

4. 生活空间与空间自组织

一般人们认为组织社会经济和文化活动依赖于物质空间的营建方式，但物质的实体形态并不会影响日常社会经济文化活动。空间句法理论的创始人比尔·希利尔（1985）则认为物质环境对于人们产生紧密的影响，同时人们也在改造物质环境。

澳门历史城区的生活空间不仅是生活的背景，而且是在此空间人们社会活动的本质。历史城区空间形态本身的构成规律和特征体是人类创造、使用以及改造空间的这一过程中的丰富多元的结果。而空间本身的构型方式又体现出某一历史时期特有的社会经济文化的规律和特征。物质形态和功能是通过空间这个媒介才能产生作用。

自然运动理论指出人流的运动趋势以及吸引因子的分布受空间构型影响，因此在自组织逻辑所发展的空间形态及结构下，也导致了人流自然无序的运动趋势，而空间结构内吸引因子的分布受到人流自然运动的影响，怎样的人流运动导致了吸引因子用什么方式分布在怎样的空间结构中。借助这一理论研究，对于澳门历史城区生活空间的人流趋向态势、空间活力吸引因子、空间功能三者之间产生着良性的互动，并产生互动效应，因此而影响了不同的土地利用和布局以及空间形态的分布。通过句法的分析，将距离成本降到最低，可以使吸引因子追求运动经济的最大化。它们在轴在线的分布和集聚，形成生活空间的活力中心。因此，澳门历史城区生活空间的自组织在城市空间发展的过程中，是通过系统内部的空间构型和社会逻辑在相互作用而产生的①。

结合人类学、社会学等多维度对澳门生活空间现状调研与分析，记录当

① Yang T, Hillier B. The impact of spatial parameters on spatial structuring [C]. Pontificia Universidad Católica de Chile, 2012: 1 – 23.

地居民的生活空间关系、生活社会关系、空间生产关系，包括历史城区居民的日常生活行为模式和物理空间的呼应关系。通过对于生活空间主要业态店家的采访，从社会学的角度去剖析历史城区生活空间变迁结果背后的诱因，也紧密地体现生活在周边一定范围的生活轨迹，体现出习俗、民风。可以发现这些发生在历史城区的生活内容，恰恰是激发空间效率、形成界面逻辑、产生自组织关系及活力中心的内在因素。该部分内容以动态的视角，把历史城区当作一个具有生命的有机体，通过其和历史城区生活紧密联系多层级商业的联动，来体现民俗演变、人际互动、社会约束和风俗文化，更加全面地阐释历史城区生活空间的生成机制和活力中心的内在动因。

| 第七章 |

澳门历史城区生活的空间逻辑

一、研究结论

澳门历史城区生活空间的构成规律和形态特征体现在城市创造、使用以及改造空间的这一过程中，特有历史时期的社会经济文化影响也在生活空间的构型中不断出现，因此，经过大量实地调研、访谈，综合前述理论研究与空间句法分析，通过生活空间形态这个媒介来挖掘澳门历史城区生活的物质功能和精神文化，得出以下结论与建议。

1. 生活空间形态的演变规律

澳门历史城区生活空间逐步建构多层级的生活空间特征。澳门历史城区生活空间从开埠以来，经过四个典型时期的历史变迁，生活空间形态由开始的局部聚集到整体联合，由封闭防御到开放发展的过程。通过空间句法的整合度、可理解度等量化数据分析，可以发现空间的活力中心经历了最早的一轴双核三区，继而发展到双核互动，并随着城市现代化进程的推进，活力中心也出现了主次中心的关联呼应，最终形成了现今澳门历史生活空间所呈现的多层级、网络叠加的空间趋向，也体现了不同发展时期生活空间截然不同的空间场域特性。并通过和生活空间紧密相连的商业服务，建构"立体"的多层级空间网络，综合不同尺度的空间层级，他们之间彼此协同，并在城市空间形态上彼此相互联系。

生活空间的活动行为形成的自下而上的连接，彼此承接的建构方式，最终逐步形成了不同尺度的活力空间以及城市空间形态。同时各层级之间的彼此制约，也在一定程度上控制了空间网络形态的无序扩张。城市网络层级产生不同尺度的活力中心的变化，形成了具有旺盛活力的生活空间，澳门历史城区的生活空间衔接了老城区与新城区的特殊结构，出现了城市空间形态同现代城市接通方式的不匹配，单一层级的活力中心，不适应多重需求下的澳门历史城区生活发展。建构多层级的城市网络，以支撑城市日常生活中重要的活动内容和历史城区生活空间的运行更新，形成有机的新陈代谢以成为历史城区自动造血和良性发展的内核。

在对澳门历史城区生活空间化进程的研究中，发现各历史时期不同层级交通方式中蕴含的尺度层级结构具有较强的稳定性，这种稳定性通过这些具体技术发展，从道路铺装和命名等传统技术到铁路、公交、地铁和高速路等现代技术，特别是这些具体技术落实到真实城市空间中，可以体现出城市生活空间形态结构的稳定性。

2. 各层级生活空间的结构特征

城市的结构并非匀质的，不同尺度形成建构风貌各异的城市空间。以城市级、区块级、小区级多尺度活动半径的空间句法进行数据分析，不同层级的功能对应不同层级的路网分布和中心集聚。城市生活空间往复循环的动态变化，以功能、形态、尺度塑造了城市的骨架和活力中心，形成具有厚度的城市空间网络结构。中微观层级的商业落位及人车流量结合城市功能用地分布，对于分析城市形态所呈现的复杂性，特别是活力中心的区位职能变迁，提供客观真实的理论引导和设计方法的指引。城市级（NACH10000M）、区块级（NACH5000M）、小区级（NACH200M）的穿行度分析，证实了在全尺度下城市依赖车行交通产生的空间网络，在中小尺度下，由于澳门历史城区空间范围有限，呈现出人本尺度下不均匀的空间网络分布，更加依赖步行交通带来的空间活力。

当代城市空间与服务于小尺度范围的小区级街道网络，不仅为我们提供了一个探讨空间与文化和社会条件之间关系的实证，更有助于我们将现代化进程理解为一个非线性的、具有初始条件依赖性的动态过程。澳门历史城区生活空间的主要载体是在地居民，他们每天的日常生活所必需的行为活动，构成了整个城市空间的面貌，这些活动组构形成的社会网络，影响和改变整个城市空间的业态分布，进而影响空间肌理及形态的变迁。

因为生活需求带来的活力中心的改变，改变着整个澳门城市空间的兴衰和格局，对于生活的追求，不仅在物质的层面，更加回归到对于生活质量的追求。在这个过程中，一方面我们将维持调整进而充分利用传统社会经济关系的任务逐步交给一个个具体的空间层级，另一方面，部分传统的价值观和空间认知模式不仅没有在这些技术代理中消失，只是转换了一种模式，反而被逐步地强化。

澳门历史城区生活空间的网络联系就像指纹一样，形成特有的城市名片和空间意向，在视觉、风貌、文化等要素上，都可以发现澳门的空间结构与社会经济活动的空间分布有一定的关联，它们彼此不可分离，最终实现人的生活空间与物的生活空间的良性互动，回归到质朴的生活日常。

3. 建构立体的多层级空间网络

不同层级并非孤立存在，彼此之间相互渗透和叠加，层级之间并非有完全清晰的界定，也激发了层级之间更加密切的联系，形成跨尺度的立体网络层级关系，共同组合成一种有机功能的空间形态。并通过和生活空间紧密相连的商业服务，融入生活需求的质朴回归，建构"立体"的多层级空间网络，综合不同尺度的空间层级，他们之间彼此协同，并在城市空间形态上彼此相互联系。从物理空间的视角，深入挖掘城市形态与多层级网络的互动影响机制，从而以更加动态的发展维度去揭示城市活力中心的发展规律，以及对于城市形态的而形成的影响，促进历史城区生活空间的有机发展，进而塑造更加具有生命力的韧性城市。

城市的整体空间形态是由不同的个体单元建造组合而成，人作为个体单元的决策者，对于环境的认知会折射到空间形态本身，进而也影响了整体城市空间形态的营造和演变，并形成不同风格和特色的城市形态。澳门历史城区生活空间作为城市最直接、敏锐的部分，尤其体现出这种源自日常体验下的生活个体，对于城市空间营造和演变的影响，这种集体形态和个体认知之间的相互影响和互动作用，反之亦然。

研究以空间句法理论结合人类学、社会学、经济地理学等多角度对于当下澳门历史城区生活空间重心外溢、部分街区活力衰减的现况进行分析，正视当今历史城区保护和现代生活需求的矛盾。不仅静态保护历史空间环境的原真性，更应该保护历史遗产的生存环境和运行机制，以回归日常生活为导向的澳门历史城区保护策略，合理引导历史城区生活空间的内在嬗变，不仅静态保护历史空间环境的真实性，更应该保护历史遗产的生存环境和运行机制。

二、结语

本书研究以澳门历史城区生活空间为研究对象，以大量实地调研、测绘和访谈为基础，以空间句法从时间、空间和逻辑的维度进行分析比较，从而初步建构了澳门历史城区生活空间的研究体系，取得一定的研究成果。综合而言，未来研究可在以下几方面进一步拓展和深化。

（1）在后续研究中通过更广泛的城市量化资料来感知城市活力，并通过空间句法的分析揭示多层级的城市活力与社会、经济、人文等因素的紧密关系，实现客观综合地深度理解城市活力。同时，需要通过研究的拓展和深入，验证城市生活空间的活力分布与各类业态分布状态、多层级半径范围与之相关的规律以及影响机制的普适性。

（2）运用定量和定性研究相结合的方法，结合深入的实地生活体验及访谈，以整合度、可达性验证空间结构中的尺度属性与功能类型、交通方式的匹配关系。对于当今历史城区生活空间的不同类别活力中心变化规律进行重新认知和剖析，强调在历史城区中生活的居民活动的重要性，也是可以良好衡量当地街区活力的重要指标。

（3）虽然结合动态数据进行的量化研究优于以往的静态数据分析，可以反映一定程度的城市活力中心的空间变化，但是，实证资料的搜集，会受到很多客观条件的制约。不管是实测还是抓取的 POI 数据，都会受到数据采集时各种实际情况的影响。由于澳门历史城区生活空间整体范围尺度不大，当作为变量参数的数据不够全面时，会影响参数的客观性。从城市形态学的角度来看，虽然空间句法理论和实证可以提供一种有效的研究方法，但是由于数据多样性和精度的限制，不能忽略的是其他因素也会在城市形态的变迁中扮演各自的角色。

附录1 2014年、2018年、2020年澳门各类业态分布（POI）柱状图

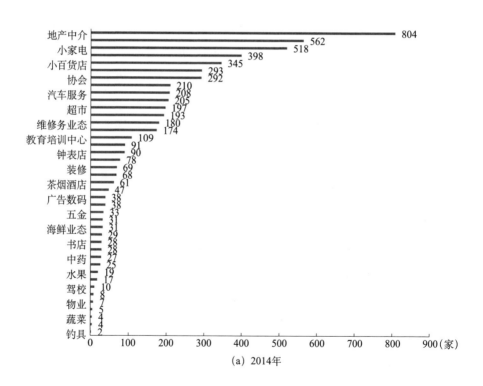

(a) 2014年

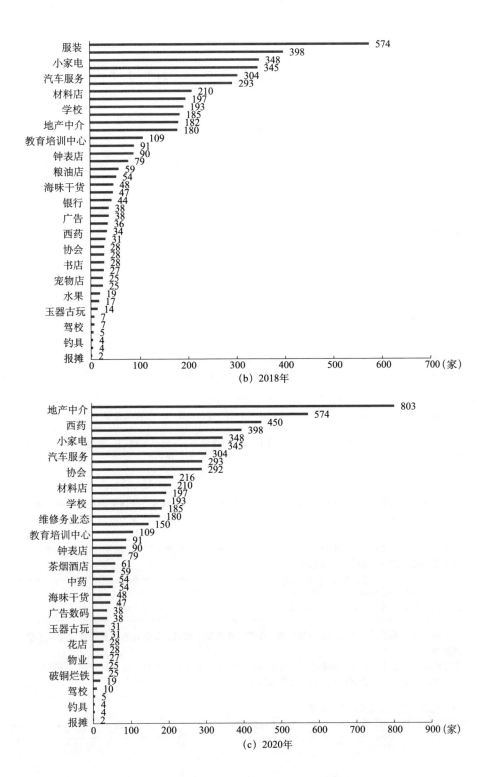

(b) 2018年

(c) 2020年

附录2   澳门生活空间现状调研与分析

澳门历史城区生活空间访谈问题——老城区居民版

被访者个人情况

年龄：□ 18 岁以下；□ 18～24 岁；□ 25～35 岁；□ 36～45 岁；□ 46～55 岁；□ 56 岁以上

受教育程度：□ 高中（专）及以下；□ 大学（专）；□ 硕士及以上

性别：□ 男；□ 女。

工作类型：

您住在哪里：（××堂区××路××楼）

您住房的类型：××层

您平时主要的出行方式：

访谈提纲

（1）您在老城区生活多少年了？
① 1～5 年　② 6～10 年　③ 11～30 年　④ 31～50 年　⑤ 51 年以上

（2）觉得历史城区好还是新城区好（圣安多尼堂区、望德堂区）？为什么？
① 老城区　② 新城区　③ 老城区有人情味的回忆　④ 新城区生活交通便捷　⑤ 输入你的想法

（3）您最喜欢澳门历史城区哪个街市？为何喜欢这个街市？
① 营地街市　② 雀仔园街市　③ 下环街市　④ 红街市　⑤ 台山街市　⑥ 祐汉街市　⑦ 水上街市

（4）您对澳门历史城区的历史了解吗？了解的话请简单聊聊。（记录关键词：例如关键年代、人物、事件、地点、老建筑，统计看看哪段澳门历史城区最广为人知）
① 因为台风水浸街道　② 世界遗产申报成功　③ 输入你的想法

（5）如果让您为第一次来澳门历史城区的朋友安排一段澳门历史城区生活体验游，能否请您聊聊您的计划？行程计划几天、必看景点、选看景点、路线规划、交通工具等（考虑是否要建表格记录），同时谈谈为什么选择这些景点。
① 大三巴　② 关前正街　③ 赌场　④ 妈阁庙　⑤ 福隆新街　⑥ 东望洋山　⑦ 路环　⑧ 乘坐公交车
⑨ 徒步　⑩ 发财车　⑪ 输入你的想法

（6）它们可以一起标在地图上吗？
① 可以　② 记不清了　③ 输入你的想法

（7）哪些生活相关的老店是你觉得特别值得推荐，哪些是一般的，你觉得有哪些特色的地方不值得推荐。
① 老牌饼店　② 珠记糖水　③ 李康记　④ 金马伦咖啡厅　⑤ 胜利茶餐厅　⑥ 盛记白粥　⑦ 礼记雪糕　⑧ 记良田烧腊　⑨ 谢利源　⑩ 输入你的想法

（8）记录其他一些特殊的路径体验。
① 输入你的想法　② 输入你的想法　③ 输入你的想法

（9）老城中哪些地方您每天日常最爱去的地方？（如聊天、喝早茶、逛街、买菜、其他）日常中您散步最爱走哪条路？（这里的问题用聊天的方式引导回答）去这些地方您最爱走的路线是什么？能否一起在地图上标出来？

（10）老城中哪些地方您每天日常最爱去的地方？
①逛街 ②早茶 ③聊天 ④买菜 ⑤输入你的想法

（11）您觉得老城区中哪些地方最能代表澳门历史城区原汁原味生活特色（物质场所）？请说出至少五个。
①鱼行醉龙节 ②谢灶 ③妈祖文化 ④赛狗场 ⑤输入你的想法

（12）您觉得老城区中的哪些体验最能代表澳门历史城区老城生活（非物质感知）？您觉得现在还能感觉到老城区与新城区的明显边界吗？
①鱼行醉龙节 ②老字号的小店 ③街巷氛围 ④老城区与新城区边界比较明显 ⑤老城区与新城区边界不太明显

（13）能用几个词总结你感觉中的澳门历史城区老城区与新城区生活氛围的差异吗？
①恬淡 ②熙熙攘攘 ③异国风情 ④现代节奏 ⑤纸醉金迷 ⑥输入你的想法

（14）能用几个词总结你心中的澳门历史城区老城区的生活空间特色吗？

（15）能用几个词描述您童年记忆中的老澳门历史城区印象吗？
①热闹繁华 ②葡国文化 ③西式教堂 ④东方宗教 ⑤南音 ⑥输入你的想法

（16）能用几个词描述您童年记忆中的老澳门历史城区和现在澳门历史城区的最大变化吗？
①过去很多商贸店铺 ②现在很多游客 ③输入你的想法

（17）能用几个词总结出澳门历史城区老城区的特色相同点吗？

（18）能用几个词总结出澳门历史城区老城区在不同历史阶段特色不同点吗？（比如从老一辈的故事中获得感受）
①输入你的想法 ②输入你的想法 ③输入你的想法

（19）能用几个词总结出你心目中的澳门味道或者说拼贴城市特色吗？
①蛋挞 ②猪扒包 ③宗教互不干扰 ④建筑中西风格并置 ⑤输入你的想法

（20）能谈谈澳门历史城区这座东西方文化交融的生活空间中，中国文化和东方美学的体现在哪里？
①大三巴交通旁边就是哪咤庙 ②中式建筑点缀在中世纪城邦 ③直街 ④输入你的想法 ⑤输入你的想法

（21）能谈谈作为一位生活在澳门历史城区市民，这座城市的生活空间最让你引以为傲的空间特色有哪些？
①白鸽巢 ②大炮台 ③新马路 ④南湾 ⑤东望洋山 ⑥妈阁庙 ⑦输入你的想法 ⑧输入你的想法 ⑨输入你的想法

（22）如果可以的话，能否请你认为具有澳门历史城区特色的十张相片发到我们的指定邮箱？谢谢您的说明，您的资料将成为我们研究成果的一部分。

邮箱：531748238@ qq. com

采访问卷

区域	职业	采访内容	时间
河边新街	退休人员	67岁，本地人，在河边新街附近居住。每天早上街市买菜，下午在河边新街边下棋，做过15年货车运输司机	15：45～15：50
河边新街	便利店老板	本地人，开36年的便利店。以便利店收入为生，曾有试过收益很低。20世纪八九十年代经济状况差时，老板一天打两份工作勉强维持生计。便利店就交由太太打理，两个儿子出来工作后家里经济条件状况逐渐变好。便利店开到现在对便利店有深厚的感情，多年的经营离不开街坊邻里。现在便利店收入为家里增加补贴。每天与街坊邻里在便利店门口下棋、闲聊	15：54～16：06
营地街市	水果店老板	梁姨，69岁，本地人，30岁时马来西亚打工后回到澳门经营水果摊。在公局新市南街开了第一档遮布档口，1998年搬至营地新街开属于自己的第一间不够80尺的水果店，她说原始的地方才是最好的地方	14：30～14：45
红窗门街	海味店老板	本地人，祖传三代从小以卖海味为生捞上来的鱼类分类、撒盐，晒干成咸鱼。以前经济状况差，花胶、海参等各名贵的干货少人买，咸鱼成大众的挚爱。店里的干货有各种类的咸鱼、花胶、鱼翅、虾酱、虾仁、瑶柱等四五十钟海味干货、咸鱼种类繁多以卖咸鱼为主	11：25～11：35
河边新街	五金店老板	20世纪八九十年代开店到现在，以五金船具零件销售为主。以前的生意不错，能够维持家里的经济开销，能够供家里孩子读国际学校的学费。但现今，生意一般。社会进步速度快，工厂生产零件多，现船具零件的配置提高零件质量，要求更高成本高，购买零件的人较少。生意从旺盛到衰弱，老板若是关闭店面，会每天感到无所事事，不习惯。比较喜欢坐在店门口与街坊朋友聊天消遣时间，会过得更快一些	10：49～11：03
红窗门街	服务员	男，菲律宾人，在这里生活工作5～6年的时间。会一点粤语，能够简单应对生活交流，和妈妈一起来这里生活工作。妈妈在澳门工作有10年，在这里做过很多不同的工作。暂时没有想过回去菲律宾生活，喜欢澳门的生活且澳门工资比菲律宾的高。一年回去1～2次菲律宾，对在不熟悉的城市生活，有一些孤独感。公司同事们对他友好，但有时无法理解的话题或语言，会让他感到孤独和无助，那一刻会感到融入不进去	14：11～14：31
十月初五日街	茶叶店老板	四五十年前澳门最繁华，街道上有很多廉价的服装二手店，甜品店。十月初五日街有很多历史老铺，桑记金行、英记茶叶铺，都是开了几十年的老店。虽然中药房大宁堂已歇业，但是还把20世纪初建成的楼房保持至今。但这里的店铺仍然是老一辈的人在经营，年轻一代的都在干不同的行业	16：09～16：21

区域	职业	采访内容	时间
福隆新街	祥记面馆	祥记面馆以虾子捞面闻名天下，米其林指南和美食家蔡澜力荐的餐厅。2017年谢霆锋主持的"锋味"来此面馆拍摄，老板在福隆新街开店煮面已有60余年。在澳门面食餐厅里中有着至高无上的地位	17：12～17：19
风顺堂区	退休人员	正叔，本地人73岁。正叔住在圣老楞佐堂的旁边，圣老楞佐堂一直被葡萄牙人叫风顺堂，后来因习惯叫风顺堂一直保持至今，风顺堂的意思则是代表风调雨顺。退休后，每日到西望洋山跑步。据正叔介绍，风顺堂区是澳门最早开发的堂区建筑物，有着百年历史的葡式建筑和新兴的富豪别墅群。正叔还介绍了亚婆井前地名字的由来，广东话的老婆婆叫"亚婆"，明朝有一位亚婆在建水井储存打来的泉水方便街坊，使用后水井叫为"亚婆井"。亚婆井前地以前是葡萄牙人在澳门最早的聚居地，亚婆井前地仍然保留很多的葡式建筑	13：57～14：32
三曾楼街	早餐店老板	了解到店主是第二代，继承他母亲经营的店铺。选择这个地段开店是因为租金低，可惜人流较少。店主另有副业，是击剑教练，业余生活丰富。在澳门和珠海之间选购食材，优先选择珠海。这几年此地段居民从澳门本地人慢慢变成外地人（移民）	2020年1月13日
坚奴前地	在校小学生	了解到这对姐妹花是在澳门出生的小女孩，非常热情告诉我们一些关于学校的事情。她们的语言课学英语、葡萄牙语、中文（粤语）	2020年1月13日
蓬莱新街	警察	在测点拍照收集资料时被要求出示港澳通行证，在表明身份说明情况以后，警察很热情告诉我这里在街头位置发生过火灾。发现和内地不同的是没保安，但是有很多穿制服的巡警走几步就可以见到几个，三人一组	2020年1月13日
夜母街	面包店店长	店铺偏僻，但是非常多人在排队，看样子都是年纪偏大，本地顾客居多，店经营三代。顾客可以看见制作过程，店铺因为是现买现做所以等待的人非常多。新鲜出炉，购买人有本地人也有外地人，本地人居多，外地人少	2020年1月13日
灰炉斜巷	本地附件居民	这里附近有一个儿童公园，配套公厕设备齐全。因为很近，所以附近居民会出来散步跑步健身。很不错而且还是免费的，可以容纳很多孩子玩，家长也放心孩子在这里玩，围栏隔大马路，夜里保证安全	2020年1月13日
巴掌围斜巷	在校初中学生	在很多奶茶店、小吃店可以见到很多学生的身影，下课以后他们并没有立刻回家，而是去一些店里和小伙伴或者自己一个人，在写作业和讨论问题。从很多学生们的谈话得出结论，学术氛围浓厚。不是为了写作业而作业，这几天都会这样写作业	2020年1月13日

续表

区域	职业	采访内容	时间
草堆街	校服店长	做校服生意，本地人为主，学校的校服齐全样式多质量好、店主介绍曾经繁华，后来学校外迁，所以慢慢生意平淡。做了30多年，店家这几年感觉生意难做，人越来越少了	2020年1月15日
宝塔巷	毛笔店主	店铺是自己的，生意没有之前好，光顾店铺的都是本地人。贩卖的毛笔都是内地的，从内地进口到澳门，销售生意平淡	2020年1月15日
庇山耶街	布料店	现在人少了，没有之前人多了，现在的人不兴买布料。科技发达，这边老城区可能会慢慢消失，不再被人需要。来买布料都是老人，上年纪的本地人了，年轻人在新街那边。这边淹水严重，所以这边的店很多都关门了，或者搬去别地	2020年1月15日
庇山耶街	五金店长	生意越来越难做，做了几十年，大不如以前的	2020年1月15日
草堆街	中药店主	澳门越来越好了，但是澳门这条街是旧街，太落后了，对于大三巴街那边来说，这边都没有什么人来。现在很多人把房子店铺租出去，比自己挣钱还好，希望中国越来越好	2020年1月15日
草堆街	中药店女店主	本地人多来这边买，很少外地人来这边又不是新区。现在的澳门，就是路好窄，车和摩托车多。这边人开车非常好，希望以后这边会引进电车。说到繁体字和简体字，希望繁体字大陆也多一点	2020年1月15日
绿豆园	保安	上班时间：上午九点到下午三点 绿豆园：已经有一百多年的历史的老住宅园区，是20世纪澳门的建筑。下班后就跟朋友们一起聚集在这里打牌、打麻将早上六七点多起床，去跑步锻炼身体，完了之后就去附近的早餐点吃早餐	2019年1月14日
下环街市	买水果	在这里摆摊卖水果已经有十几年了，五六十岁左右，中午、下午人多的时候，忙不过来，据说是这条街水果最好的一摊。位于老城区，买水果的人基本上都是住在附近的本地人。有两个女儿：大女儿在上大学（一边攒生活费、一边学习）小女儿在上高中	2019年1月14日
下环街市	补鞋	经常换地方，有时候在街上摆，有时候在小巷里，看时间、人流而定。用的是进口的鞋油，价格50~80元，这个职业即将消失，打算改行	2019年1月14日
水手斜巷	饮食店老板	菲律宾人，来澳门已经十多年了，主要是来澳门发展，这边的经济比较发达，人比较多，在附近的一些住宅区住，四五个人一起合租，有的在学习中文，很羡慕澳门这边发展得这么好	2019年1月15日

区域	职业	采访内容	时间
打铁斜巷	杂货铺老板	祖籍广东开平，在改革开放时期就搬到澳门居住发展，当时兄弟姐妹分家产生了矛盾，各自分开各自去发展。现在在这里有两个儿子一个女儿，都已经出来工作，两个儿子在氹仔岛工作，很多时候都会回来，女儿在这附近上班，在这儿一起住，每年的一些重要的节假日都会回到内地的家乡去探亲	2019年1月15日
打铁斜巷	服装杂货铺	几个人一起合资经营，这一带的商铺租金大约在2 000~3 500元之间。跟周围一带的街坊关系都比较好	2019年1月15日
福德新街	水产品干货铺	货源地在四号区域约D007的地方鳗鱼干（销售最多）海马干（店里销售最贵的）成立于五六十年代，三代人都经历过的老店店长性格：诚实，稳重	2019年1月15日
高楼斜巷	买水果	周一到周五人比较少，收益大概在500~1 000元，周六日人数相对较多，收益在1 000~2 000元左右。货源地：部分水果从外国进口，部分来自内地，有关系管道（直供货物）	2019年1月15日
亚婆井街	人群聚集聊天	老人，经常聚集聊天偶尔打麻将、打牌、下象棋。打发时间去西望洋山爬山，锻炼身体，妈祖阁拜神小学生，上课时间早上八点到下午三点，放学后，比较远的坐公交车回家，近的就走路回家	2019年1月15日
货仓街	东兴行	海产品货源地，主要供应区域是三号区域和五号区域的酒店、市场等，每年3~6月为休渔期	2019年1月15日
（E027）	古玩店	生意不算很好，准备打算搬到城区里面，古玩店将要倒闭。以前八九十年代的时候很多人都喜欢来店里	2019年1月15日
（D027）	补胎店	这附近一带唯一一家补胎修车的店，父亲带两个儿子负责经营	2019年1月15日

本地居民访谈记录表

区域	职业	采访内容	时间
高园街早餐咖啡店	老板	王伯是澳门本地人，店铺已经开了46个年头，现在父传子，平时店铺打烊后喜欢和朋友一起打麻将消磨时间。	12日晚上
大三巴斜巷	导游	谭太祖籍广东潮汕人，今年42岁了，女儿还在上大学，从事导演7年了，平时接待的旅游团大多为东南亚国家的，据其描述，内地游客大多是自由行	12日傍晚

区域	职业	采访内容	时间
鸭头梨巷	退休老人	林伯在广东出生，有两个儿子和一个女儿，2007年大儿子移居澳门，2009年把林伯接了过来住，不过林伯说不太适应澳门这边的生活，会经常回到内地居住	13日上午
河边新街	退休老人（前从事仓库出货员）	据廖伯描述，在1980年到回归前，澳门的内港十分繁华，大部分商品和货物都是从港口进出，回归后经过十几年的发展，内港已不复繁华，廖伯退休后经常打扑克消磨时间	13日上午
下环街附近水果铺	退休老人	这位阿伯74岁，访谈时坐在水果铺旁边，说话带着比较重的口音，交流比较麻烦。澳门本地人，自己住在下环街附近，不与子女住在一起，平时就喜欢坐在那里看着过往的人流	13日上午
下环街花铺	老板	在下环街测点时在花铺旁边，听到她与一名刚从住宅区出来的阿姨对话，两人祖籍应该都是大陆的，她们讨论了过年回内地过年的问题	13日中午
酒店附近的便利店	女店员	凌晨去便利店买东西认识的，姓梁，祖籍珠海人，年轻时候过来澳门工作，在澳门结婚生子，但一两个月会回一次内地，很健谈的一位阿姨	14日凌晨
妈祖阁门口前的公园	退休老人	陈伯，居住在附近小区，平日里会和小区的其他老人一起喝早茶，澳门本地人，后面还介绍了附近的海事博物馆和历史	13日早上
竹室正街杂货铺	老板	老板姓陈，当时在正街测完点去买水，陈老板主动和我们聊了起来。据其描述，陈老板祖籍台山，在澳门回归后一年移居过来澳门做生意，而且据他所说，店铺上面就是住宅，不过住宅入口是独立的，他就住在这里	13日上午
妈阁上街附近停车场	退休老人	在那边休息时遇到了林伯和林太，澳门本地人，当时是去妈祖阁，林伯已经72岁了，身体还很好，常常开车和夫人一起出门	13日上午
麦当劳	服务员	在麦当劳吃饭和整理数据时候，服务员阿姨和我们交谈起来，澳门本地人，她对内地的麦当劳平时人流很感兴趣，不过她只去过珠海	14日晚上
侨乐巷小食店	店员	吃饭点单的时候和店员聊了起来，他说小食店已经开了十多年了	13日晚上

资料来源：本研究汇整。

附录3 澳门历史城区生活空间访谈问题——店主版问卷设计与分析

被访者个人情况

（1）年龄：□ 18 岁以下；□ 18~25 岁；□ 26~30 岁；□ 31~40 岁；□ 41~50 岁；□ 51~60；□ 61 岁及以上

（2）性别：□男；□女。

（3）受教育程度：□高中（专）及以下；□大学（专）；□硕士及以上。

（4）工作类型：

（5）您住在哪里：（写明住在哪个区哪条路）。
您住房的类型：××楼

（6）您平时主要使用的交通方式：
①公交车/地铁
②私家车
③出租车
④自行车
⑤步行
⑥摩托车
⑦电动车
⑧其他

（7）您的店在老城区开了多少年了？
①1~5 年　②6~10 年　③11~30 年　④31~50 年　⑤50~70 年　⑥71 年及以上

（8）您的店经营了几代人？
①一代　②二代　③三代　④四代及以上　⑤其他

（9）您的祖籍是哪里？

（10）觉得顾客是本地居民多还是游客多？为什么？
①本地居民　②游客　③一半一半　④原因：老街坊的情谊　⑤原因：游客喜欢体验传统文化
⑥其他，自填

（11）一般几点钟开店？几点离开？
①9：00~18：00
②10：00~20：00
③11：00~20：00
④14：00~22：00

续表

（12）您经营的店铺属于这里面的哪一类？
①生活空间便民店业态（小百货店、超市）
②生活空间（水果、蔬菜、农副产品、海鲜业态、海味干货、粮油店）
③生活空间（广告、建筑业态、家私、小家电、装修工艺品店、玉器古玩、地产中介、材料店、破铜烂铁、五金）
④生活空间（汽车服务、维修务业态驾校）
⑤生活空间（体育休闲、科教文化、报摊、广告、数码教育、培训中心、钓具、宠物店、书店、学校、协会、银行）
⑥生活空间服务业态（美容美发、服装、花店、皮具店、物业、钟表店、眼镜店）
⑦生活空间餐饮业态（餐馆、茶烟酒店）
⑧生活空间服务业态（西药、中药）
⑨其他

（13）目前盈利状况如何？
①还可以
②较好
③良好
④一般
⑤其他

（14）一般在白天会有什么活动？
①逛街散步
②买菜
③运动健身
④唱曲
⑤打牌
⑥喝早茶
⑦其他，自填

（15）你的店铺位置如何？租金贵吗？

（16）每月租金多少？
①15 000～30 000元
②30 001～50 000元
③50 001元及以上
④自有物业，无租金成本
⑤其他，自填

（17）以前有什么难忘的回忆？

（18）店铺所在街道区域及名称？
①1号地块（花王堂区）
②2号地块（望德堂区）
③3号地块（风顺堂区）
④4号地块（风顺堂区）
⑤5号地块（风顺堂区）
⑥6号地块（花地玛堂区）
⑦7号地块（花地玛堂区）
⑧其他，自填

（19）店铺所在街道名称？

附录4　澳门生活空间居民人口数据调研与分析

附表1　1561～1993 年澳门人口变化

单位：人

年份	人口	资料来源	年份	人口	资料来源
1561	500～600	何大章等；《澳门地理》	1939	245 194	《1984 年统计年鉴》
1562	800	M. de jesus：Historic	1940	400 000	澳门华侨报
1563	5 000	Macao			《1983 年澳门经济年鉴》
1568	6 000		1941	375 000	陈正祥：《澳门》
1578	10 000		1945	150 000	澳门日报：《澳门手册》1983 年
1580	20 000		1950	187 772	《1984 年统计年鉴》
1621	20 000		1960	169 299	
1640	40 000		1962	270 000	《澳门手册》1983 年
1743	5 500		1967	200 000	
1750	20 000		1970	248 636	《1984 年统计年鉴》
1825	22 500		1975	237 027	澳门统计暨普查司：《澳门居住人口估计》
1832	35 000		1980	241 950	
1835	37 000		1981	247 630	
1839	13 000	《澳门地理》	1982	261 713	
1860	85 471	AdolfoLoureiro：0	1983	276 911	
1867	78 080	PortdeMacau	1984	288 774	
1871	71 730		1985	290 633	
1878	59 959		1986	301 480	
1910	74 866	澳门统计暨普查司	1987	312 207	
1920	83 894	《1984 年统计年鉴》	1988	319 786	
1924	193 175	《澳门地理》	1989	330 410	
1927	157 175	《1984 年统计年鉴》	1990	339 510	澳门统计暨普查司：《1992 年统计年鉴》
1936	120 000	《澳门地理》	1991	363 784	
1937	164 528		1992	380 850	
1938	141 945		1993	395 304	澳门统计暨普查司

资料来源：郑天祥，黄就顺，张桂霞，邓汉增. 澳门人口 [M]. 澳门：澳门基金会，1994：24－27.

附表 2　1976 年澳门地区根据堂区及工作情况划分的人口统计

单位：人

| 工作情况 | 总计 | 澳门 | | | | | | 离岛 | | | 水城 |
		总数	花王堂区	望德堂区	风顺堂区	大堂区	花地玛堂区	总数	氹仔	路环	
总数	207 084	192 733	68 215	18 364	33 679	22 920	49 555	6 037	3 817	2 220	8 314
劳动人口总数	127 359	117 843	42 474	10 676	20 056	13 389	31 240	3 409	2 199	1 210	6 107
有职业	122 342	112 983	40 078	10 236	19 441	12 948	29 480	3 266	2 126	1 140	6 093
无职业	5 017	4 860	1 596	440	615	441	1 768	143	73	70	14
首次求职	2 299	2 232	766	138	221	159	948	59	21	38	8
找寻新职	2 718	2 620	830	302	394	282	820	84	52	32	6
非劳动人口总数	79 725	74 890	25 741	7 688	13 623	9 531	18 307	2 628	1 618	1 010	2 207
学生	31 004	29 550	50 039	3 050	5 503	3 718	7 248	1 024	665	339	422
家务	36 660	34 303	12 355	3 453	6 350	4 236	7 989	948	608	340	1 329
退役退休或后备人员	1 531	1 497	502	309	271	239	376	34	23	11	..
其他情况	10 530	9 452	3 045	876	1 499	1 338	2 694	622	322	300	456

注：统计者年龄在 9 岁以上。

资料来源：澳门特别行政区政府统计暨普查局［EB/OL］. https：//reurl. cc/62NzXO.

附表 3　2016 年澳门地区按性别、年龄及堂区统计的总人口

单位：人

| 岁组及性别 | | 总数 | 堂区 | | | | | 氹仔 | 路环 | 水上人口 |
			圣安多尼堂	望德堂	风顺堂	大堂	花地码堂			
总数	男女	650 834	137 249	33 293	54 231	49 966	245 427	102 759	26 889	1 020
	男	314 018	63 508	14 687	26 293	24 355	121 907	48 816	13 561	891
	女	336 816	73 741	18 606	27 938	25 611	123 520	53 943	13 328	129

续表

岁组及性别		总数	堂区					氹仔	路环	水上人口
			圣安多尼堂	望德堂	风顺堂	大堂	花地码堂			
0~4岁	男女	30 999	5 946	1 026	2 054	2 004	12 910	5 494	1 565	—
	男	16 318	3 202	469	954	1 213	6 929	2 674	877	—
	女	14 681	2 744	557	1 100	791	5 981	2 820	688	—
5~9岁	男女	25 932	5 250	1 277	1 676	1 688	10 126	4 864	1 050	#
	男	13 391	2 664	651	799	833	5 340	2 547	556	#
	女	12 541	2 586	626	877	855	4 786	2 317	494	#
10~14岁	男女	20 916	3 841	1 134	1 361	1 157	8 750	4 057	616	—
	男	10 672	2 065	571	727	561	4 338	2 097	313	—
	女	10 244	1 776	563	634	596	4 412	1 960	303	—
15~19岁	男女	32 689	5 847	1 302	2 460	1 953	12 139	8 191	794	3
	男	15 762	2 869	662	1 176	876	6 306	3 429	441	3
	女	16 927	2 978	640	1 284	1 077	5 833	4 762	333	—
20~24岁	男女	52 773	10 994	2 171	4 515	4 491	19 255	10 016	1 323	8
	男	25 613	5 563	1 019	2 393	2 129	9 821	4 100	582	#
	女	27 160	5 431	1 152	2 122	2 362	9 434	5 916	741	#
25~29岁	男女	71 139	15 735	2 666	7 060	6 079	27 554	9 515	2 492	38
	男	35 421	7 305	1 309	3 778	2 961	14 092	4 806	1 136	34
	女	35 718	8 430	1 357	3 282	3 118	13 462	4 709	1 356	4
30~34岁	男女	63 877	13 702	2 996	5 986	5 035	22 439	10 674	2 963	82
	男	31 900	6 602	1 322	3 103	2 694	11 091	5 338	1 677	73
	女	31 977	7 100	1 674	2 883	2 341	11 348	5 336	1 286	9
35~39岁	男女	50 042	10 186	2 836	4 114	4 615	15 995	9 798	2 409	89
	男	24 570	4 560	1 158	2 113	2 365	8 352	4 662	1 281	79
	女	25 472	5 626	1 678	2 001	2 250	7 643	5 136	1 128	10
40~44岁	男女	51 495	10 635	2 818	3 782	4 348	18 287	9 248	2 180	197
	男	23 797	4 544	1 069	1 757	2 106	8 754	4 349	1 036	182
	女	27 698	6 091	1 749	2 025	2 242	9 533	4 899	1 144	15

岁组及性别		总数	堂区					氹仔	路环	水上人口
			圣安多尼堂	望德堂	风顺堂	大堂	花地码堂			
45~49 岁	男女	50 630	10 472	2 628	3 795	3 826	19 155	8 575	1 979	200
	男	22 077	3 881	1 019	1 507	1 727	8 681	4 133	947	182
	女	28 553	6 591	1 609	2 288	2 099	10 474	4 442	1 032	18
50~44 岁	男女	53 376	10 967	2 622	3 842	4 353	22 263	7 119	2 017	193
	男	23 451	4 398	899	1 499	2 077	10 057	3 409	945	167
	女	29 925	6 569	1 723	2 343	2 276	12 206	3 710	1 072	26
55~59 岁	男女	49 272	11 293	2 744	4 326	3 347	20 104	5 493	1 831	134
	男	24 205	5 212	1 241	2 168	1 654	10 005	2 801	1 013	111
	女	25 067	6 081	1 503	2 158	1 693	10 099	2 692	818	23
60~64 岁	男女	38 311	8 749	2 400	3 318	2 751	15 672	3 588	1 783	50
	男	18 674	4 315	1 056	1 503	1 268	7 955	1 770	773	34
	女	19 637	4 434	1 344	1 815	1 483	7 717	1 818	1 010	16
65~69 岁	男女	26 349	6 038	2 047	2 576	1 684	9 809	2 460	1 717	18
	男	13 599	3 213	1 001	1 387	775	5 162	1 162	884	15
	女	12 750	2 825	1 046	1 189	909	4 647	1 298	833	3
70~74 岁	男女	12 127	2 733	1 003	1 030	915	4 007	1 439	995	5
	男	6 045	1 414	554	457	378	2 047	654	537	#
	女	6 082	1 319	449	573	537	1 960	785	458	#
75~79 岁	男女	7 918	1 663	635	803	489	2 709	1 024	593	#
	男	3 858	740	303	375	250	1 361	490	339	#
	女	4 060	923	332	428	239	1 348	534	254	#
80~84 岁	男女	6 358	1 484	502	769	586	2 085	613	319	—
	男	2 535	465	232	313	289	892	207	137	—
	女	3 823	1 019	270	456	297	1 193	406	182	—
≥85 岁	男女	6 631	1 714	486	764	645	2 168	591	263	—
	男	2 130	496	152	284	199	724	188	87	—
	女	4 501	1 218	334	480	446	1 444	403	176	—

资料来源：澳门特别行政区政府统计暨普查局［EB/OL］. https：//reurl. cc/62NzXO.

参考文献

［1］王立．城市社区生活空间规划的控制性指标体系［J］．现代城市研究，2010，25（2）．

［2］阮仪三，孙萌．我国历史街区保护与规划的若干问题研究［J］．上海城市规划，2001（4）．

［3］Lefebvre H, Nicholson – Smith D. The production of space［M］. Blackwell：Oxford, 1991.

［4］林发钦．龙环春秋：澳门氹仔老街坊口述历史［M］．桂林：广西师范大学出版社，2018.

［5］吴志强，于泓．城市规划学科的发展方向［J］．城市规划学刊，2005（6）．

［6］盛强．流体的城市——空间句法北京实证研究案例［M］．北京：中国建筑工业出版社，2017.

［7］董倩．断裂与延续：《新民晚报》与社会主义上海日常生活空间建构（1949－1966）［D］．上海：复旦大学，2013.

［8］杨滔．可持续空间形态的复杂性——空间句法的理念发展［J］．城市设计，2018（3）.

［9］吴志良，金国平，汤开建．澳门编年史［M］．广州：广东人民出版社，2009.

［10］印光任，张汝霖．澳门记略：官守篇［M］．地方志，1751：二卷.

［11］王立，王兴中．城市生活空间质量观下的社区体系规划原理［J］．现代城市研究，2011，26（9）.

［12］王浩锋．社会功能和空间的动态关系与徽州传统村落的形态演变［J］．建筑师，2008（2）.

［13］盛强，周晨．功能追随空间：多尺度层级网络塑造的城市中心［J］．建筑师，2018，196（6）．

［14］徐继畬．瀛环志略：卷七［M］．台北：华文书局，1969.

［15］祝淮：新修香山县志［M］．道光七年刊本，1827：卷四．

［16］施白蒂．澳门编年史［M］．澳门：澳门基金会，1995.

［17］童乔慧．澳门传统街道空间特色［J］．华中建筑，2005，23（B07）．

［18］黄就顺，邓汉增，黄钧燊．澳门地图集［M］．澳门：澳门基金会，1997.

［19］林发钦．旧区小店：澳门老店号口述历史［M］．桂林：广西师范大学出版社，2018.

［20］叶农，澳门街市［M］．中国香港：三联书店，2016.

［21］费孝通．江村经济——中国农民的生活．［M］．北京：商务印书馆，2001：110－123.

［22］费孝通．乡土中国［M］．北京：北京大学出版社，2012：1－185.

［23］凯文·林奇．城市意象［M］．北京：华夏出版社，2001.

［24］孙九霞，周一．日常生活视野中的旅游社区空间再生产研究——基于列斐伏尔与德塞图的理论视角［J］．地理学报，2014，69（10）．

［25］简·雅各布斯．美国大城市的死与生［M］．南京：译林出版社，2005.

［26］扬·盖尔．交往与空间［M］．北京：中国建筑工业出版社，2002.

［27］Dankert R. Latour B，Callon M. Actor－Network theory［J］．International Encyclopedia of Housing & Home，2012，19（1）：46－50.

［28］吴莹，卢雨霞，陈家建，等．跟随行动者重组社会——读拉图尔的《重组社会：行动者网络理论》［J］．社会学研究，2008（2）．

［29］盛强，杨振盛，路安华，等．网络开放数据在城市商业活力空间句法分析中的应用［J］．新建筑，2018，178（3）．

［30］亨利·列斐伏尔，列斐伏尔，李春．空间与政治［M］．上海：上海人民出版社，2015.

［31］简·雅各布斯．美国大城市的死与生［M］．南京：译林出版社，

2003：29－30.

［32］马克斯·韦伯. 文明的历史脚步：韦伯文集［M］. 上海：上海三联书店，1988.

［33］吴良镛. 关于人居环境科学［J］. 城市发展研究，1996（1）：6.

［34］张雪伟. 日常生活空间研究［D］. 上海：同济大学，2007.

［35］王立，王兴中. 城市生活空间质量观下的社区体系规划原理［J］. 现代城市研究，2011，26（9）：62－71.

［36］王开泳，王淑婧，薛佩华. 城市空间结构演变的空间过程和动力因子分析［J］. 云南地理环境研究，2004（4）：65－69.

［37］章光日. 人类生活空间图式变迁研究［J］. 城市规划汇刊，2004（3）：60－66＋96.

［38］Hillier B. Centrality as a process：accounting for attraction inequalities in deformed grids［J］. Urban design international，1999，4：107－127.

［39］Hillier，Bill. Space is the machine：a configurational theory of architecture. Space Syntax，2007.

［40］王浩锋. 社会功能和空间的动态关系与徽州传统村落的形态演变［J］. 2008，建筑师（2）：23－30.

［41］杨滔. 说文解字：空间句法［J］. 北京规划建设，2008（1）：75－81.

［42］严忠明. 一个双核三社区模式的城市发展史［D］. 广州：暨南大学，2005.

［43］严忠明. 直街观念与澳门早期城市建设的规则［J］. 史林，2004（1）：40－43＋126.

［44］刘易斯·芒福德，Culture of cities［M］. 北京：中国建筑工业出版社，2009.

［45］严忠明. 一个双核三社区模式的城市发展史［D］. 广州：暨南大学，2005.

［46］刘先觉，玄峰. 澳门城市发展概况［J］. 华中建筑，2002（6）：92－96.

［47］王浩锋，饶小军，封晨. 空间隔离与社会异化——丽江古城变迁的深层结构研究［J］. 城市规划，2014，38（10）：84－90.

［48］Scoppa M D, Peponis J. Distributed attraction: the effects of street network connectivity upon the distribution of retail frontage in the City of Buenos Aires ［J］. Environment and Planning B: Planning and Design, 2015, 42 (2): 354 – 378.

［49］Yang T. A study on spatial structure and functional location choice of the Beijing city in the light of Big Data ［C］. Proceedings of the 10th space syntax symposium. 2015, 119.

［50］叶农. 澳门葡城与葡萄牙东方建城模式 ［J］. 澳门研究, 2005 (27).

［51］Berry B J L. The impact of expanding metropolitan communities upon the central place hierarchy ［J］. Annals of the Association of American Geographers, 1960, 50 (2): 112 – 116.

［52］盛强, 刘星, 杨振盛. 网络时代膨胀的实体商业空间——应用空间句法模型分析北京内城街区内商业演变 ［J］. 城市设计, 2016 (4).

［53］澳门市政厅. 澳门市街道及其他地方名册 ［M］. 澳门：澳门鸿兴柯氏印刷有限公司, 1993.

［54］林钦发. 小店忆旧 ［M］. 桂林：广西师范大学出版社, 2019.

［55］盛强, 周晨. 功能追随空间：多尺度层级网络塑造的城市中心 ［J］. 建筑师, 2018 (6): 60 – 67.

［56］WANG P H and LI W C (2017) Protection and Development for Famous Historical and Cultural City Districts in MACAU. Journal of Environmental Protection and Ecology 18 (4): 1552 – 1559.

［57］Yang T, Hillier B. The impact of spatial parameters on spatial structuring ［C］. Pontificia Universidad Católica de Chile, 2012.